21 世纪全国高职高专文秘类规划教材

办公设备使用技术

黄启智 主 编

徐明炜 副主编

内 容 简 介

本书是办公设备使用技术教学的教材，内容完备，实用性强。

本书内容共七章，包括数码相机、摄影技巧、扫描仪、传真机、激光打印机、刻录机、复印机等内容，其中，数码相机操作训练、摄影技巧操作训练、扫描仪使用训练、传真机使用训练、激光打印机的使用训练、刻录机使用训练、复印机使用训练等 7 个实训内容是本书的特色。

本书既可作为高职高专、成人高校相关专业办公设备使用技术教学的教材，也可作为办公设备使用技术选修课教材，还适宜办公室人员自学之用。

图书在版编目（CIP）数据

办公设备使用技术/黄启智主编．—北京：北京大学出版社，2008.9
（21 世纪全国高职高专文秘类规划教材）
ISBN 978-7-301-14278-3

I. 办⋯ II. 黄⋯ III. 办公室—设备—使用—高等学校：技术学校—教材 IV. C931.4

中国版本图书馆 CIP 数据核字（2008）第 147024 号

书　　　　名：	办公设备使用技术
著作责任者：	黄启智　主编
责 任 编 辑：	卢英华
标 准 书 号：	ISBN 978-7-301-14278-3/G · 2452
出　版　者：	北京大学出版社
地　　　　址：	北京市海淀区成府路 205 号　100871
电　　　　话：	邮购部 62752015　发行部 62750672　编辑部 62765013　出版部 62754962
网　　　　址：	http://www.pup.cn
电 子 信 箱：	xxjs@pup.pku.edu.cn
印　刷　者：	北京大学印刷厂
发　行　者：	北京大学出版社
经　销　者：	新华书店
	787 毫米×980 毫米　16 开本　10.75 印张　232 千字
	2008 年 9 月第 1 版　2013 年 1 月第 3 次印刷
定　　　　价：	20.00 元

未经许可，不得以任何方式复制或抄袭本书之部分或全部内容。
版权所有，侵权必究
举报电话：010－62752024；电子信箱：fd@pup.pku.edu.cn

前　言

　　办公设备是人们在处理办公信息和事务中所必需的装置。随着计算机和通信技术的快速发展，各种先进的办公设备如雨后春笋般地出现。

　　本书内容主要包括数码相机、扫描仪、传真机、激光打印机、刻录机和复印机等常用办公设备的使用和维护。

　　本书立足于办公设备基础知识和基本技能，全面叙述了办公设备的基本知识、基本技术和技巧，也涵盖了目前正在兴起的数码摄影和相片的数字处理方法，是一本集科学性、系统性、知识性、新颖性为一体的，具有很强实用性的专业基础教材和专业基础读物。

　　在本书编写过程中，北京大学出版社职教与工科编辑部，福建漳州职业技术学院邓作惠老师、黄炜老师对本书的编写、出版给予极大的帮助，在此一并表示诚挚的谢意。

　　本书由黄启智主编，徐明炜副主编，全书由黄启智统稿，但限于编写者的水平、思考问题的不周与差错，恳请读者直言赐教，批评指正。

作　者
2008 年 7 月

目 录

第一章 数码相机 1
第一节 数码相机的选择和主要技术指标 1
一、数码相机的选择 1
二、数码相机的主要技术指标 3
第二节 数码相机基本常识 4
一、识别部件 4
二、模式拨盘 5
三、存储卡的使用 6
四、设置静止影像尺寸 6
五、影像尺寸和质量 7
六、影像输出 8
七、常见故障的处理 9
第三节 数码相机使用训练 13
一、训练目的 13
二、器材 13
三、训练内容 13

第二章 摄影技巧 29
第一节 摄影构图 29
一、摄影构图的含义 29
二、摄影构图的基本要求 30
三、摄影构图的基本特性 31
第二节 追随拍摄技巧 35
一、追随拍摄的操作方法 36
二、追随拍摄的快门速度与背景 36
三、追随拍摄的角度、摄距与光线 36
第三节 旅游摄影 37
一、旅游纪念照拍摄的一般要求 37
二、旅游风光拍摄手法 38
三、运用摄影手段拍摄优秀风光照片 40

第四节　舞台摄影 ... 41
一、舞台灯光与拍摄位置的选择 ... 41
二、掌握剧情特点与选择拍摄时机 ... 42
第五节　体育摄影 ... 43
一、体育摄影的快门速度 ... 43
二、常见的几种体育项目的拍摄 ... 43
第六节　新闻摄影 ... 45
一、新闻摄影的定义 ... 45
二、新闻摄影的报道体裁 ... 47
三、新闻摄影的采访与拍摄 ... 48
四、新闻照片的评价 ... 49
第七节　拍摄技巧操作训练 ... 50
一、训练目的 ... 50
二、器材 ... 50
三、训练内容 ... 50

第三章　扫描仪 ... 53
第一节　扫描仪的主要技术指标和软硬件安装 ... 53
一、扫描仪的主要技术指标 ... 53
二、扫描仪透扫适配器（TMA） ... 54
三、扫描仪随机软件 ... 54
第二节　扫描仪的使用 ... 54
一、扫描仪的安装 ... 54
二、扫描仪的基本操作 ... 55
三、扫描仪的设置 ... 57
四、扫描仪的维护与故障排除 ... 59
第三节　扫描仪使用训练 ... 61
一、训练目的 ... 61
二、器材 ... 62
三、训练内容 ... 62

第四章　传真机 ... 76
第一节　传真机的种类和工作过程 ... 76
一、传真机的种类 ... 76
二、传真通信的工作过程 ... 77
第二节　传真机的使用 ... 78
一、传真机的安装 ... 78

二、传真机发送功能的使用 79
　　三、传真机接收功能的使用 80
　　四、传真机维护与故障检修 81
　第三节　传真机使用训练 84
　　一、训练目的 84
　　二、器材 84
　　三、训练内容 84

第五章　激光打印机 95
　第一节　激光打印机的特点和组成 95
　　一、激光打印机的分类和特点 95
　　二、激光打印机的组成和工作过程 96
　第二节　激光打印机的维护 98
　　一、正确使用激光打印机 98
　　二、激光打印机的维护 99
　第三节　激光打印机使用训练 101
　　一、训练目的 101
　　二、器材 101
　　三、训练内容 101

第六章　刻录机 105
　第一节　刻录机的技术指标和维护 105
　　一、刻录机的技术指标 105
　　二、刻录机常见的术语 106
　　三、使用刻录机中常见问题 108
　　四、刻录机的保养 110
　第二节　刻录机使用训练 111
　　一、训练目的 111
　　二、器材 111
　　三、训练内容 111

第七章　复印机 142
　第一节　复印机的基础知识 142
　　一、复印机工作状态的检查 142
　　二、复印纸的规格 144
　　三、复印工作技巧 147
　第二节　复印机的维护 149
　　一、复印机的日常保养 149

二、复印机常见故障的维修 151
第三节 复印机使用训练 157
　一、训练目的 157
　二、器材 157
　三、训练内容 157
参考文献 163

第一章 数码相机

数码相机最早是用于军事信息的传递，美国曾利用它通过卫星向地面传送照片。数码摄影是数字技术发展到一定阶段的产物，数码摄影系统是运用数码信息处理手段，在影像的摄取、制作与运用等方面都有其独特的魅力，目前在世界各地已十分流行。

数码相机作为电脑图像的新型输入设备之一，将与计算机同步发展，并将很快成为主流影像应用技术。其价格不断下降，图像质量不断提高，这就使得数码相机对越来越多的商业用户和业余爱好者颇具吸引力。

第一节 数码相机的选择和主要技术指标

一、数码相机的选择

（一）数码相机的种类

数码相机从结构上分类，可分为单反型数码相机和袖珍型数码相机两种。

1. **单反型数码相机**。单反型数码相机功能齐全，质量优异，但价格较昂贵，主要用户是新闻记者。超高分辨率是这类机型的首要标志，其 CCD（意为光电荷耦合元件）包含的像素数在几百万级，分辨率至少在 1280×1024 之上，而其色彩深度应为 24 位或 36 位。

此外，可互换镜头、先进的自动对焦和曝光系统、清晰的 LCD 显示屏、快速的数据存储、可选择的高容量存储卡等优势综合到一起使其满足了专业要求。

2. **袖珍型数码相机**。袖珍型数码相机主要针对业余摄影者使用，其 CCD 包含 1 百万以上的像素，最高分辨率达 2592×1944。这种等级的分辨率确保打印 A4 尺寸或更大的尺寸有较好的输出效果。

此外，它们具有自动对焦的光学镜头（许多型号还是变焦镜头）、清晰的 LCD 显示屏、灵活的存储卡，拍摄起来更像是使用一部高档傻瓜照相机，足以满足日常拍摄的需要。

（二）数码相机的选择

购买数码相机与购买其他任何用品一样，首先要问问自己需要什么功能，各种产品的性能如何，哪些产品能够满足自己的需要；其次是自己的经济承受能力如何；最后当然还得考虑产品是否简单易用。具体从以下几个方面考虑。

1. 图像质量与分辨率。数码相机使用光敏元件将图像中的光学信息转化为数字信号。目前光敏元件有两种：一种是广泛使用的 CCD（电荷耦合元件）；另一种是新兴的 CMOS（互补金属氧化物半导体）器件。数码相机的分辨率是指相机中光敏元件的数目。在相同分辨率下，CMOS 比 CCD 便宜，且又省电，但是 CMOS 光敏器件产生的图像质量要低一些。为在有限的存储空间内保存更多的图像，许多相机都采用了特殊算法对图像数据进行压缩处理之后再加以存储，而压缩得越多，图像质量的损失就越大。因此必须进行综合考虑。

对图像质量的要求，应该与图像的使用目的结合起来考虑。对于商业用户来说，如进行摄影服务的影楼，公司的商业演示，或者是 Web 图像，百万像素级的相机已可满足要求。对于业余摄影爱好者，具有 VGA 级的分辨率（640×480）的数码相机也能很好地服务于个人影集、E-mail 附件等的制作目的。因而在选择时应该根据不同的使用目的，确定出最合适的图像质量要求。

2. 内存与存储方式。在数码相机中，存储数字影像的方式主要有内置固定式和外置装卸式两种。外置装卸式的存储卡有 CF 卡（闪存卡）、SM 卡（软盘卡）、PC 卡（硬盘卡）、记忆棒等。对于某种相机，使用可能不止一种方式，如既有内存又提供可插入可移动存储卡的插槽。虽然 PC 卡不仅仅用于数码相机，但却是扩充大多数数码相机存储能力的最方便的手段。

内置内存的容量当然越大越好。除了内置的内存之外，如果还有插入存储卡的扩展插槽就更好。使用可移动存储卡，不管使用的是全尺寸的 PC 卡还是微型卡，都可以很方便地扩展相机的图像存储能力，在将相机中的照片下载到计算机之前可以拍摄更多的图像，这正如使用传统胶卷相机时多带几卷胶卷一样。

3. 电池及消耗。电池是在选择数码相机时容易忽略的问题，实际上这却是非常重要的。特别是带有 LCD 显示屏及内置闪光灯的机型，电池消耗就更多。在数码相机的运作过程中，电池消耗构成了相机长期运行过程中的主要花费，因而不能不考虑使用的电池种类以及电量的消耗，电池的型号是否容易获得也要加以考虑。使用充电的电池，也可降低长期使用的费用。在向计算机传送照片时，如果能够使用交流电源，则可使同样的电池拍出更多的照片。所以，在价格与功能相差不多的情况下应该选购带交流电源适配器的机型。

4. 图像输出接口。串行口是目前几乎所有数码相机都提供的数据输出接口，而购买的相机中通常都带有用于这种接口的电缆（有用于 PC 机平台的电缆以及用于 Mac 机平台的电缆）。另外，有的相机提供了 IrDA 红外线接口，有了这种接口就不需要数据电缆了。有的相机还提供更为先进的 USB（通用串行总线）接口（Windows 98 支持这种接口标准），这样就可以享受到快速下载图像与相机的即插即用的乐趣。对于使用扩充卡的相机来说，如果向台式机下载数据，则需要有特殊的读出器，而具有 PCMCIA 卡插槽的笔记本机，则可将这种扩充卡直接插入。除以上向计算机输出形式外，许多相机还提供 TV 接口（NTSC 制式的较多，PAL 制式的也有），可在没有计算机的情况下在电视上观看照片。

5. **闪光灯、镜头和取景器**。数码相机如果没有内置闪光灯，那么在拍摄室内对象时效果可能不好。镜头是影响图像质量的重要部件，可分为固定聚焦（拍摄时不用对焦）、自动聚焦和手动聚焦三类。固定聚焦镜头使用方便，但适用的拍摄对象受到限制；手动聚焦镜头使用复杂，但却可以由用户来调节聚焦过程，这受到专业用户的青睐；自动聚焦镜头使用得当可保证图像清晰，但缺乏某些灵活性。有的相机手动与自动聚焦并存，这增加了额外的灵活性。LCD 显示屏可用来取景与浏览照片，进行选择性删除，为数码相机提供了更多的传统相机无可比拟的优越性。

另外，还有一些评价数码相机的重要参数，如所配处理图像软件、图像压缩率、最大闪光距离及最小拍摄距离（前者越大越好，后者越小越好）、快门速度范围、光圈大小范围、是否具有曝光补偿及自动白平衡功能、支持哪些文件格式、是否具有连拍功能、每张照片拍摄的时间间隔，等等。

二、数码相机的主要技术指标

1. **分辨率**。分辨率是数码相机的最重要的性能指标。数码相机的分辨率标准与显示器类似，使用图像的绝对像素数加以衡量。这是由于数码照片大多数时候是在显示器上观察。数码相机拍摄的图像的绝对像素数取决于相机内 CCD 芯片上光敏元件的数量，数量越多则分辨率越高，所拍图像的质量也就越高，当然，相机的价格也会大致成正比地增加。

通常有 VGA 显示分辨率（640×480），这意味着"电子胶卷"的横向有 640 个 CCD 光敏元件，共有 480 行；XGA 显示分辨率（1024×768）；1M 显示分辨率（1280×960）；3M 显示分辨率（2048×1536）；5M 显示分辨率（2592×1944）等。

相机的分辨率还直接反映出打印出的照片的大小。分辨率越高，在同样的输出质量下可打印的照片尺寸越大。VGA 级分辨率可打印的尺寸约为 3 英寸×5 英寸，适用于将影像作为附件添加到电子邮件或用于创建主页；XGA 级分辨率可打印 5 英寸×7 英寸的照片，如打印尺寸超过这一范围，则图像质量下降；1M 或 3M 适用于拍摄大量的影像；5M 适用于保存重要的影像，打印 A4 尺寸的或精细的 A5 尺寸影像。

2. **颜色深度**。"颜色深度"又称"颜色数"、"色彩深度"、"色彩位数"等，它是指数码相机表现各种色彩色调的性能，是描述数码相机对色彩的分辨能力。它取决于"电子胶卷"的光电转换精度。目前几乎所有的数码相机的颜色深度都达到了 24 位，可以生成真彩色的图像。某些高档数码相机甚至达到了 36 位。

3. **存储能力**。内存的存储能力以及是否具有扩充功能，是数码相机的重要指标，它决定了在未下载信息之前相机可拍摄照片的数目。当然，同样的存储容量，所能拍摄照片的数目还与分辨率有关，分辨率越高则存储的照片数目越少。使用何种分辨率拍摄，要在图像质量与拍摄数量间进行折中考虑。如 SONY DSC-F88 数码相机 16MB 储存卡，使用 5M

影像尺寸能拍 11 张，使用 3M 影像尺寸能拍 18 张，使用 1M 影像尺寸能拍 46 张，而使用 VGA 影像尺寸则能拍 243 张。

相机存储照片的能力还与照片的保存格式有关。通常，数码相机都使用某种算法对图像数据压缩，以便在同样的存储容量下保存更多的照片。

4. **连续拍摄**。由于"电子胶卷"从感光到将数据记录到内存的过程进行得并不是太快，故拍完一张照片之后，不能立即拍摄下一张照片。两张照片之间需要等待的时间间隔。越是高级的相机，间隔越短，也就是说，连续拍摄的能力越强。低档相机通常不具备连续拍摄的能力，即使最高档的数码相机，连续拍摄速度一般每秒也不会超过 5 幅照片。

第二节　数码相机基本常识

以 SONY DSC-F88 数码相机为例介绍数码相机的使用方法。

一、识别部件

1. 如图 1-1 所示为数码相机的部件，分别为：（1）快门按钮；（2）闪光灯；（3）多芯连接器（底面）；（4）三脚架插孔（底面）；（5）取景窗；（6）自拍定时指示灯/AF 照明器；（7）镜头；（8）麦克风；（9）DC IN 插孔盖；（10）DC IN 插孔；（11）扬声器（底面）。

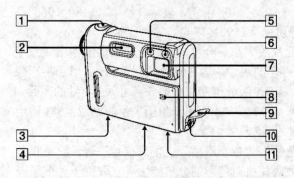

图 1-1　DSC-F88 数码相机结构

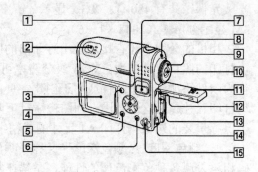

图 1-2　数码相机按钮示意图

2. 图 1-2 中为数码相机各按钮的作用。
（1）控制按钮。
打开菜单：▲/▼/◀/▶/●。　　关闭菜单：✦/⟲/▣/♣。
模式拨盘"M"：快门速度/光圈值。
（2）取景器。

第一章　数码相机

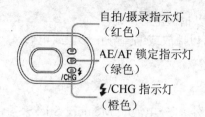

自拍/摄录指示灯（红色）
AE/AF 锁定指示灯（绿色）
↯/CHG 指示灯（橙色）

图 1-3　取景器

（3）LCD 屏幕。
（4）|□|（显示/LCD 开/关）按钮。
（5）MENU 按钮。
（6）░/🗑（影像尺寸/删除）按钮。
（7）对于拍摄：变焦（W/T）按钮。
　　　对于查看：⊖/⊕（播放变焦）按钮/▦（索引）按钮。
（8）POWER 指示灯。
（9）模式拨盘。
（10）POWER 按钮。
（11）电池/"Memory stick"盖。
（12）存取指示灯。
（13）RESET 按钮。
（14）电池释放杆。
（15）腕带挂钩。

二、模式拨盘

在使用相机之前，将模式拨盘上所需的标记拨到"0"位置，如图 1-4 所示。

1. ◻（自动调节模式）。对焦、曝光和白平衡可自动调节，使得拍摄更加轻松。影像质量设置为"精细"。

2. P（程序自动拍摄）。与自动调节模式一样，拍摄调节也是自动执行的。但是，可以随意地调节对焦等。此外，还可以使用菜单设置所需的功能。

3. M（手动曝光拍摄）。可以手动调节快门速度和光圈值。此外，还可以使用菜单设置所需的拍摄功能。

4. SCN（场景选择）。可以根据现场的场景条件轻松拍摄出亮丽的照片。此外，还可以使用菜单设置所需的拍摄功能。

5. SET UP（设置）。可以更改相机的设置。

图 1-4　模式拨盘

6. ▯（拍摄电影）。可以拍摄电影。
7. ▶（播放/编辑）。可以播放或编辑静止影像或电影。

三、存储卡的使用

1. 插入"Memory Stick"。打开电池/"Memory Stick"盖，按箭头所示的方向滑动舱盖。如图 1-5 所示，插入"Memory Stick"，直至听到咔嗒声。插入"Memory stick"时，应尽量将其向里推，如果未正确插入，可能无法摄录或插放。

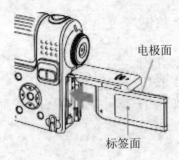

图 1-5　插入和取出"Memory Stick"

2. 取出"Memory Stick"。取出"Memory Stick"盖，然后推动"Memory Stick"使其弹出。

访问指示灯亮起时，表示相机正在摄录或读出影像。此时切勿打开电池/"Memory Stick"盖或关闭电源，否则可能会损坏数据。

四、设置静止影像尺寸

1. 将模式拨盘已设置为 ▣、P、M 或 SCN，就可以执行设置静业影像尺寸操作，如图 1-6 所示。
2. 按 ▦/▥（影像尺寸），显示影像尺寸设置项，如图 1-7 所示。

图 1-6　设置拨盘位置

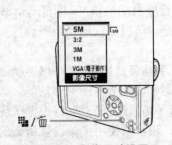

图 1-7　影像尺寸设置

3. 使用控制按钮上的▲/▼选择所需的影像尺寸，影像尺寸即被设置，如图1-8所示。

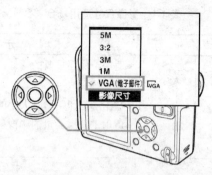

图 1-8　调整影像尺寸

4. 在完成设置之后，按 🔳/🗑 （影像尺寸），影像尺寸设置将从 LCD 屏幕上消失，即使关闭电源，此设置仍将保留。

五、影像尺寸和质量

1. 可以根据要拍摄的影像种类来选择影像尺寸（像素数）和影像质量（压缩化）。影像的大小以像数（点）（水平点数×垂直点数）的数量表示，像素组成影像。例如，一幅 5M（2592×1944）的影像表示水平方向有 2592 个像素，垂直方向有 1944 个像素。像素数越多，影像越大。

2. 可以选择精细（高质量）或标准的影像质量级别。每一种质量有着不同的压缩比。在选择精细使影像变大时，质量也就更好。然而，保存影像所需的数据量也就更大，同时"Memory Stick"中可录制的影像数将会减少。检查下面的表，根据所需的影像种类选择相应的影像尺寸质量级别。

3. 默认设置为"5M"。使用相机时，该尺寸可以获得最高的影像质量。此选项所摄录影像的水平方向与垂直方向的比例为 3∶2，与所用的打印纸或明信片尺寸一致。

4. 如图 1-9 所示显示一幅简单的影像，并使用最大的影像和最小的影像进行说明。

图 1-9　影像像素的关系

5. 根据影像尺寸和影像质量举例说明适用的场合，见表 1-1。

表 1-1 影像尺寸适用场合

影 像 尺 寸		示 例
5M（2592×1944）	更大 ↕ 更小	● 适用于保存重要的影像，打印 A4 尺寸的或精细的影像
3∶2（2592×1728）		
3M（2048×1536）		● 适用于打印明信片大小的影像
1M（1280×960）		● 适用于拍摄大量的影像
VGA（电子邮件）（640×480）		
影像质量		示例
精细	低压缩（质量更好） ↕	● 拍摄或打印更高质量的影像
标准	高压缩（正常）	● 拍摄静止影像

6. 在"Memory stick"中可以存储的影像数（拍摄模式：普通）。表 1-2 显示精细/标准模式下可保存的影像数（单位：张）。

表 1-2 精细/标准模式下可保存的影像数

容量 影像尺寸	32MB	64MB	128MB	256MB	512MB	1G
5M	12/23	25/48	51/96	92/174	188/354	384/723
3∶2	12/23	25/48	51/96	92/174	188/354	384/723
3M	20/37	41/74	82/149	148/264	302/537	617/1 097
1M	50/93	101/187	202/376	357/649	726/1 320	1 482/2 694
VGA	196/491	394/985	790/1 975	1 428/3 571	2 904/7 261	5 928/1 4821

说明：(1) 播放使用其他 SONY 机型摄录的影像时，所示的影像尺寸可能不同于实际影像尺寸。
(2) 在相机的 LCD 屏幕上查看影像时，所有影像看起来尺寸均相同。
(3) 根据拍摄条件，拍摄的影像数可能与这些值有所不同。
(4) 剩余可摄录影像数大于 9 999 时，屏幕将提示"］9999"。

六、影像输出

1. 双击"我的电脑"，双击"Sony Memory Stick"，再双击"DCIM"，就可以看到文件夹"101MSDCF"，这就是"Memory Stick"中存储的影像，选择复制到指定的文件夹。
2. 使用 Windows XP 向导复制影像，在向导框内双击"打开文件夹以查看文件"，然后再双击"DCIM",就可以看到文件夹"101MSDCF",这就是"Memory Stick"中存储的影像,选择复制到指定的文件夹。

3.使用 Windows XP 向导复制影像,在向导框内双击"将图片复制到计算机上的一个文件夹",然后再单击下一步[Next],此时显示"Memory Stick"中存储的影像,选择复制到指定的文件夹。

七、常见故障的处理

1.数码相机电池组和电源故障处理,见表 1-3。

表 1-3　数码相机电池组和电源故障处理

故障现象	原　　因	解 决 方 法
无法为电池组充电	●相机处于打开状态	→关闭相机
在为充电式电池充电时,/CHG 指示灯闪烁	●电池组未正确安装 ●电池组电量耗尽	→正确安装电池组 →将交流电源适配器从相机的 DC IN 插孔和墙上插座拔下,再重新连接
在为电池组充电时,/CHG 指示灯未亮起	●交流电源适配器已断开 ●电池组未正确安装 ●电池组电量耗尽	→正确连接交流电源适配器 →正确安装电池组 →将交流电源适配器从相机的 DC IN 插孔和墙上插座拔下,再重新连接
电池组耗电过快	●在极其寒冷的环境下使用电池 ●DC 插头太脏,电池组未充满电 ●电池组使用寿命已过	→将电池组放入紧贴身体的口袋使其变暖,然后在拍摄前迅速将其插入相机 →使用棉签等工具清洁 DC 插头的插针,然后为电池组充电 →换用新电池组
电源不能打开	●充电式电池未正确安装 ●交流电源适配器已断开 ●电池组电量耗尽 ●电池组使用寿命已过	→正确安装电池组 →将其稳固地连接至相机 →安装充满电的电池组 →换用新电池组
电源突然关闭	●在相机打开期间,如果在大约 3 分钟内没有使用相机,相机会自动关闭,以防损耗电量 ●电池组电量耗尽	→再次打开相机或使用交流电源适配器 →安装充满电的电池组

2. 数码相机拍摄静止影像/电影故障处理，见表1-4。

表1-4 数码相机拍摄静止影像/电影故障处理

故 障 现 象	原　　因	解 决 方 法
即使已打开电源，LCD屏幕也未打开	●上次使用相机时，在LCD屏幕关闭时关闭电源	→打开LCD屏幕
LCD屏幕上看不见目标	●模式拨盘未设置为拍摄、P、M、SCN或电影	→将其设置为拍摄、P、M、SCN或电影
影像失焦	●目标太近 ●场景选择功能的选项被选定 ●设置了预对焦距离	→使用宏拍摄模式并使镜头部分与目标的距离远大于最小拍摄距离 →将其设置为除放大镜模式、微明模式、风景模式或焰火模式之外的其他任何模式 →设置为自动对焦模式
光学变焦不起作用	●拍摄电影期间，不能更改变焦比例 ●放大镜模式在拍摄静像时已经作为场景选择功能的选项被选定	— →将其设置为除放大镜模式之外的其他任何模式
精确数字变焦不起作用	●在SET UP设置中，[数字变焦]设置为[智慧式变焦]或[关] ●在拍摄电影时，不能使用该功能	→将[数字变焦]设置为[精确变焦] —
智慧式变焦不起作用	●在SET UP设置中，[数字变焦]设置为[精确变焦]或[关] ●影像尺寸设置为[5M]或[3∶2] ●在以多段模式拍摄或拍摄电影时，不能使用该功能	→将[数字变焦]设置为[智慧式变焦] →将影像尺寸设置为除[5M][3∶2]之外的其他设置 —
影像太暗	●拍摄时目标后面有光源 ●LCD屏幕的亮度太低	→选择测光模式，调节曝光 →调节LCD屏幕背景光的亮度
影像太亮	●拍摄时，目标本身亮度较高，但背景较暗 ●LCD屏幕的亮度太高	→调节曝光 →调节LCD屏幕背景光的亮度
在拍摄非常明亮目标时出现竖直条纹	●发生拖影现象	→这不是故障
在暗处观察LCD屏幕时，LCD屏幕上出现某些杂像	●在暗处使用相机时，相机的LCD屏幕会暂时变亮，以便于检查显示的影像	→这不会影响拍摄的影像
无法拍摄影像	●未插入"Memory Stick"。 ●"Memory Stick"容量已满 ●"Memory Stick"上的写保护开关处于LOCK位置	→插入"Memory Stick" →删除存储在"Memory Stick"中的影像或更换"Memory Stick" →请将其设置在摄录位置

（续表）

故障现象	原因	解决方法
不能使用闪光灯拍摄影像	●已将模式拨盘设置为播放、SET UP 或电影	→将模式拨盘设置为拍摄、P、M 或 SCN
	●已将闪光灯设置为"不使用闪光灯"	→将闪光灯设置为"自动"（无指示符）、强制使用闪光灯或 SL（缓慢同步）
	●微明模式、焰火模式、烛光模式在拍摄静像时已经作为场景选择功能的选项被选定	→选择除微明模式、焰火模式、烛光模式之外的任何其他模式
	●放大镜模式、风景模式、雪景模式、海滩模式或高速快门模式在拍摄静像时已经作为场景选择功能的选项被选定	→将闪光灯模式设置为"强制使用闪光灯"
	●相机处于多段或连拍模式	→取消多段或连拍模式
无法连续拍摄影像	●"Memory Stick"容量已满	→删除保存在"Memory Stick"中不必要的影像
	●电池电量不足，只能拍摄一张影像	→安装充满电的电池组
拍摄对象的眼睛显示红色	—	→将[红眼减弱]设置为[开]

3．数码相机查看/删除/编辑影像故障处理，见表 1-5。

表 1-5　数码相机查看/删除编辑影像故障处理

故障现象	原因	解决方法
无法播放影像	●模式拨盘未设置为播放	→将模式拨盘设置为播放
	●已在计算机中更改了影像文件（或文件夹）的名称	—
	●相机处于 USB 模式	→取消 USB 通信
图像在播放后立即变得粗	●由于对影像进行了处理，因此影像立即变得粗糙	→这并不是故障
影像无法在电视上播放	●在 SET UP 中，相机的[视频输出]设置不正确	→将[视频输出]设置为[NTSC]或[PAL]
	●连接不正确	
相机无法删除影像	●影像受到保护	→取消保护
	●"Memory Stick"上的写保护开关处于 LOCK 位置	→将其设置在摄录位置
调整尺寸功能不起作用	●不能重新调节电影或多段影像的大小	—
不能剪辑影像	●电影长度不够，无法进行剪辑	—
	●受保护的电影不能剪辑	→取消保护
	●静态影像不能剪辑	—

4. 数码相机与计算机通讯故障处理，见表 1-6。

表 1-6　数码相机与计算机通讯故障处理

故障现象	原因	解决方法
计算机不能识别相机	● 相机已关闭 ● 电池电量太低 ● 未使用附带的 USB 多芯电缆 ● USB 多芯电缆连接不牢 ● 在 SET UP 设置中，[USB 连接] 未设置为［普通］ ● 未安装 USB 驱动程序	→ 打开相机 → 使用交流电源适配器 → 使用附带的 USB 多芯电缆 → 拔下 USB 多芯电缆，然后重新稳固连接。确保"USB 模式"显示在 LCD 屏幕上 → 将其设置为［普通］ → 安装 USB 驱动程序
无法复制影像	● 相机未正确连接至计算机 ● 复制过程因操作系统而异	→ 使用附带的 USB 多芯电缆正确地连接相机和计算机 → 执行适合的操作系统的复制过程
在计算机上播放电影时，影像和声音受到噪声影响	● 直接从"Memory Stick"中播放电影	→ 将电影复制到计算机的硬盘上，然后从硬盘中播放电影

5. 数码相机警告和信息，见表 1-7。

表 1-7　数码相机警告和信息

消息	含义/纠正措施
无 Memory Stick	● 插入"Memory Stick"
系统出错	● 关闭电源，然后重新打开
Memory Stick 出错	● 插入的"Memory Stick"不能与相机配合使用 ● "Memory Stick"有破损 ● "Memory Stick"的端子部分脏了 ● 正确插入"Memory Stick"
Memory Stick 类型出错	● 插入的"Memory Stick"不能与相机配合使用
格式化出错	● 格式化"Memory Stick"失败。再次格式化"Memory Stick"
Memory Stick 锁定	● "Memory Stick"上的写保护开关处于 LOCK 位置。请将其设置在摄录位置
无 Memory Stick 空间	● "Memory Stick"容量不足，无法记录影像。删除不必要的影像或数据
只读型存储器	● 无法使用此相机在"Memory Stick"上记录或删除影像
本文件夹内无文件	● 此文件夹中没有记录的影像
无法建立更多文件夹	● "Memory Stick"中存在前三个数字为"999"的文件夹。无法再创建更多的文件夹

第一章 数码相机

（续表）

消　息	含义/纠正措施
文件出错	•播放影像时出现错误
文件保护	•影像受到防清除保护。取消保护
影像尺寸过大	•播放的影像的尺寸不适用于本相机
无法划分	•电影长度不够，不能划分 •此文件不是电影文件
无效操作	•所播放的文件不是在本相机上创建的
"🖐"	•可能会由于光线不足而导致相机摇晃。使用闪光灯，将相机安装在三脚架上，或者将相机稳固地放在某个地方
请转动镜头部分	•镜头部分已转向下方，转动镜头部分

第三节　数码相机使用训练

一、训练目的

1. 通过学习SONY系列数码相机的使用方法，应用到其他系列数码相机的使用。
2. 掌握SONY系列数码相机静止影像的拍摄技巧。
3. 掌握SONY系列数码相机影像的查看和删除方法。
4. 掌握SONY系列数码相机电影的拍摄与处理技巧。
5. 掌握SONY系列数码相机手动拍摄影像的方法。

二、器材

SONY系列数码相机、电脑。

三、训练内容

（一）静止影像的拍摄
1. 使用 📷（自动调节模式）模式。
（1）将模式拨盘设置为 📷，然后打开相机，如图1-10所示。
（2）双手持稳相机，使目标位于对焦方框中央。
（3）将快门按钮按下一半，并保持不动，此时相机自动对焦。
（4）相机发出"哗"声后，即可按下快门按钮，完成拍摄。

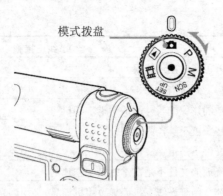

图 1-10　设置拍摄模式

2．使用变焦功能

（1）按变焦按钮选择所需的变焦位置，如图 1-11 所示。然后拍摄影像使用变焦时，距离目标的最小焦距约距镜头表面 50cm。拍摄电影期间，不能更改变焦比例。

（2）变焦。相机具有变焦功能，它可以使用光学变焦和两种数字处理放大影像。可以选择智慧式变焦或精确变焦两种数字变焦方式。如果设置了数字变焦，在变焦比例超过 3 倍时，变焦方式从光学变焦切换为数字变焦。

要只使用光学变焦，在 SET UP 设置中将［数字变焦］设置为［关］。在这种情况下，LCD 屏幕的变焦比例显示条中不显示数字变焦区域，并且最大变焦比例为 3 倍。

放大方式和变焦比例随影像尺寸和变焦类型而有所不同，因此，根据拍摄目的选择变焦。在按变焦按钮时，LCD 屏幕上显示变焦比例指示符，如图 1-12 所示。该行的 W 一侧是光学变焦区域，T 一侧是数字变焦区域。

图 1-11　变焦的使用

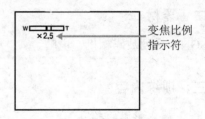

图 1-12　变焦的操作

（3）变焦比例指示符可能随变焦类型而有所不同。

光学变焦：X。

智慧式变焦：🅂🔍×。

精确数字变焦：🅿🔍×。

（4）在使用数字变焦时，不显示 AF 范围取景器方框，[]或[ ]指示符闪烁，并且 AF 将工作的优先级放在靠近中间的目标上放大影像，几乎不会失真。这在使用智慧式变焦与使用光学变焦的感觉相同。要设置智慧式变焦，在 SET UP 设置中将［数字变焦］设置为［智慧式变焦］。默认设置为智慧式变焦。

最大变焦比例视选择的影像尺寸而定，见表 1-8。

表 1-8　影像尺寸的最大变焦比例

影像尺寸	最大变焦比例
3M	3.8 倍
1M	6.1 倍
VGA（电子邮件）	12 倍

在影像大小设置为［5M］或［3:2］时，不能使用智慧式变焦。影像尺寸的默认设置为［5M］。

（5）使用智慧式变焦功能时，LCD 屏幕上的影像看上去可能有些模糊。但是，这不会影响摄录的影像，如图 1-13 所示。

　　光学变焦　　　　　智慧式变焦　　　　　光学变焦　　　　精确数字变焦

图 1-13　智慧式变焦和精确数字变焦

（6）在多段模式下不能使用智慧式变焦。

3．快速检视最后拍摄的影像。按下控制按钮上的◀键 ⏵，就能检视最后拍摄的影像。若要返回拍摄模式，再次按控制按钮上的◀键或轻按快门按钮，如图 1-14 所示。

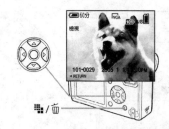

图 1-14　快速检视最后拍摄的影像

由于影像在显示时会经历一个处理过程，因此在开始时可能会较为模糊。

4. 用宏功能拍摄特定镜头。要拍摄花或昆虫等目标的特写镜头，可使用宏功能进行拍摄。当变焦设置在 W 侧时，可以拍摄距离近达 8cm 的目标。不过，有效的对焦距离取决于变焦位置，因此在拍摄特写镜头时建议将变焦设置在 W 侧。因为当变焦设置在 W 侧时，距离镜头末端约 8cm；当变焦设置在 T 侧时，距离镜头末端约 25cm。

具体操作如下。

（1）将模式拨盘设置为拍摄状态，如 ◯、P、M、SCN 等都可以，然后按控制按钮上的 ▶ 键（✿），宏指示符显示在 LCD 屏幕上，如图 1-15 所示。

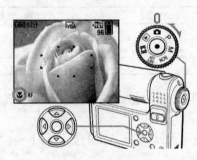

图 1-15　使用宏功能

（2）将拍摄目标在取景框中居中，把快门按钮按下一半以便对焦，然后再将快门按到底。

若要返回正常拍摄，再次按控制按钮上的 ▶ 键，宏指示就从 LCD 屏幕上消失。

在宏模式下拍摄时，要使用 LCD 屏幕。如果使用取景器，所看到的范围和实际拍摄的范围可能不一致。这是由视差效果造成的。以宏模式拍摄时，对焦范围较窄，因此可能无法对整个目标对焦。而且对焦调节将会变得更慢，从而可对近距离目标精确对焦。

5. 使用自拍定时。

（1）将模式拨盘设置为拍摄状态，如 ◯、P、M、SCN 等都可以，然后按控制按钮上的 ▼ 键（✿），自拍定时指示符显示在 LCD 屏幕上，如图 1-16 所示。

图 1-16　使用自拍定时

（2）将拍摄目标在取景框中居中，把快门按钮按下一半以便对焦，然后再将快门按到底。按下快门后，自拍定时指示灯将会闪烁，当听到"哗"声后，将在大约 10 秒后拍摄影像。但要切记，不要站在相机前面按下快门按钮，否则焦距和曝光设置可能不正确，若要返回正常拍摄，再次按控制按钮上的▼键，自拍定时指示就从 LCD 屏幕上消失。

6．使用取景器拍摄影像。当 LCD 屏幕有问题或为了节省电池电源时，可使用取景器拍摄影像。每按一次 |□| 按钮，屏幕将依次关闭指示符、关闭 LCD 屏幕、打开 LCD 屏幕（有指示符）变化，如图 1-17 所示。但要注意以下问题。

（1）通过取景器看到的影像并不表示实际可摄录范围，这是由视差效果造成的，若要确认可摄录范围，必须使用 LCD 屏幕。

（2）使用取景器拍摄影像，即关闭 LCD 屏幕，数字变焦不起作用。

图 1-17　取景器的使用

7. 场景选择拍摄。根据不同的场景条件选择不同的模式进行拍摄，就会拍出精彩的照片。具体操作如下。

第一步：将模式拨盘设置为 SCN，然后按下 MENU 按钮，如图 1-18 所示。

第二步：通过控制按钮上的◀选择 SCN（场景），然后用▲/▼选择所需的模式，如图 1-19 所示。

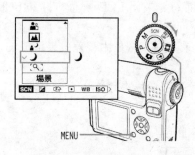
图 1-18　打开 MENU

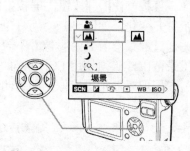
图 1-19　设置模式

（1）放大镜模式。使用放大镜模式进行拍摄时，拍摄对象在 LCD 屏幕上显示的最大放大倍数为 2.1。此模式可以拍摄肉眼难以看清的细节，见表 1-9。

表 1-9　与对象之间距离所显示的放大倍数

与对象之间的距离	放大倍数
1 厘米	2.1 倍
2 厘米	1.4 倍
5 厘米	0.7 倍
10 厘米	0.4 倍
20 厘米	0.2 倍

用此模式，光学变焦被锁定在 W 侧，无法使用。当按下变焦按钮时，以数字变焦模式放大影像。

（2）微明模式。在较暗光线的条件下，可以拍摄远处的夜景。因为快门速度较慢，所以要使用三脚架，如图 1-20 所示。

（3）微明肖像模式。在夜间拍摄前景人物时，使用此模式。可以拍摄前景人物影像，轮廓清晰而又不失夜间拍摄的感觉。但因为快门速度较慢，所以要使用三脚架，如图 1-20 所示。

（4）风景模式。此模式是对远处影像对焦，因此便于拍摄远处的风景，如图 1-22 所示。

（5）软抓拍模式。能够以明亮温和的色调，漂亮地拍摄人物的皮肤颜色。该模式对软件对焦产生影响，因此可以在合适的气氛下拍摄人物或鲜花等影影像，如图 1-23 所示。

（6）雪景模式。拍摄雪景或其他整个屏幕均为白色的地方时，使用此模式以防止产生颜色凹陷的效果，从而拍摄出清晰的影像，如图 1-24 所示。

图 1-20　微明模式拍摄

图 1-21　微明肖像拍摄

图 1-22　风景模式

图 1-23　软抓模式

图 1-24　雪景模式

（7）海滩模式。此模式在海边或湖边拍摄时，清晰地拍摄出蓝色的水面，如图 1-25 所示。

（8）高速快门模式。用此模式在室内或其他明亮的地方拍摄移动的物体。由于快门速度变快，因此在光线暗的地方拍摄的影像颜色更暗，如图 1-26 所示。

（9）焰火模式。此模式可以拍摄出焰火的绚丽光彩。焦距设置为无限远，由于快门速度变慢，要三脚架，如图 1-27 所示。

（10）烛光模式。此模式在聚会上或有烛光服务等场合，可以拍摄影像，而且不破坏烛光渲染的氛。快门速度较慢，需要使用三脚架，如图 1-28 所示。

图 1-25　海滩模式

图 1-26　高速快门模式

图 1-27 焰火模式

图 1-28 烛光模式

若要返回标准模式，只要将模式拨盘设置为其他模式即可。

（二）查看影像

想查看影像，即可在相机上查看，也可以在电视上查看。

1．相机上查看影像。

（1）单幅查看。将模式拨盘设置为▶，然后打开相机，屏幕上将显示文件夹中最新的影像。由于影像在显示时会经历一个处理过程，因此在开始时可能会较模糊，如图 1-29 所示。通过控制按钮上的◀/▶可选择所需的影像。

（2）索引查看。按 ▦ （索引）键，即变焦 W 按钮，屏幕上以分屏同时显示 9 幅影像，按控制按钮上的▲/▼/◀/▶键，上下左右移动黄色框，黄色框中的影像被选定。若要返回单幅影像屏幕，可按变焦按钮 T 或按控制按钮●，如图 1-30 所示。

图 1-29 单幅查看影像

图 1-30 索引查看影像

2．电视机上查看影像。

影像也可在电视机上查看，如图 1-31 所示。操作如下。

（1）将所提供的 A/V 多芯电缆的一端连接至相机的多芯连接器将另一端连接至电视的音频/视频输入插孔。

（2）打开电视机将 TV/Video 开关设置为"Video"。

（3）将模式拨盘设置为▶，然后打开相机，按控制按钮上的◀/▶键，选择所需的影像。

第一章 数码相机

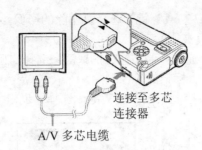

图 1-31 电视机查看影像

（三）删除影像

由于在拍摄过程经常出现一些效果不好的或多余的影像，这些影像占用存储卡空间，需要进行删除操作。具体操作如下。

1. 删除静止影像。

（1）将模式拨盘设置为 ▶，并打开相机通过控制按钮上的◀/▶键，选择要删除的影像。但要注意，影像一旦被删除，将无法恢复。

（2）按下 🗑 键，如图 1-32 所示。

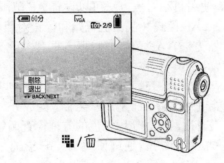

图 1-32 删除影像 1

（3）通过控制按钮上的▲键，选择［删除］然后按控制按钮●。但无法删除受保护的影像。

（4）若要继续删除其他影像，可通过控制按钮上的◀/▶键，选择要继续删除的影像，然后按控制按钮上的▲键，选择［删除］然后按控制按钮●。

（5）若要取消删除，可按控制按钮上的▼键，选择［退出］，然后按控制按钮●。也可直接按下 🗑 键。

2. 在索引屏幕上删除影像。

（1）按 ▦（索引）键，显示索引屏幕时，按 🗑（删除）。

（2）通过控制按钮上的◀/▶键，选择［选择］，然后按●，如图 1-33 所示。

（3）通过控制按钮上的▲/▼/◀/▶键，选择要删除的影像，然后按●。被选定要删除的影像出现🗑标记，但此时还没被删除。

（4）按🗑/🗑（删除），通过控制按钮上的▶键，选择［确定］后按●，LCD屏幕上将显示"存取"，并将所有带🗑标记的影像删除。

（5）若要取消删除，可按控制按钮上的▼键，选择［退出］，然后按控制按钮●。

图 1-33　删除影像 2

（四）拍摄影像对焦的选择

1．选择自动对焦方法。使用自动对焦方法可以设置 AF 范围取景器方框（根据目标的位置和大小选择对焦位置）和 AF 模式（在相机开始和停止对目标进行对焦时自动设置）。

（1）选择 AF 范围取景器方框。AF 范围取景器方框有多重 AF 模式和中心 AF 模式两种设置，默认为多重 AF 设置。

多重 AF 设置是相机将从上、下、左、右、中 5 个不同方位以及影像中心计算到目标的距离，允许使用自动对焦功能进行拍摄，而无需理会影像的成分。如果由于目标未处于方框中心而难以对焦，此功能非常有用。可以使用绿色的方框检查调焦的位置，如图 1-34 所示。

中心 AF 设置只是方框的中心部分。通过使用 AF 锁定方法，可以拍摄所需的影像成分。如图 1-35 所示。

图 1-34　检查调焦位置

图 1-35　AF 锁定

具体操作是：将模式拨盘设置为 P、M、SCN 或🎬模式，按下［MENU］，屏幕将出现菜单通过◀/▶选择 🅵 (对焦), 然后通过▲/▼选择 [多重 AF] 或 [中心 AF]。

当快门按钮按下一半并将其按住, 且已调节对焦时, AF 范围取景器方框的颜色将从白色变为绿色。

(2) 选择 AF 模式。AF 模式有单按 AF 模式和监控 AF 模式两种设置, 默认为单按 AF 设置。

单按 AF 模式在拍摄静止目标时非常有用。此模式是将快门按钮按下一半并将其按住之前相机不会调节对焦, 但当将快门按钮按下一半并将其按住, 完成 AF 锁定之后, 对焦将被锁定。

监控 AF 模式可缩短对焦所需的时间。在将快门按钮按下一半并将其按住之前, 相机会自动调节对焦, 可以使用已调节的对焦合成影像, 将快门按钮按下一半并将其按住。并且完成 AF 锁定之后, 对焦将被锁定。该模式下的电池耗电程度会高于单按 AF 模式。若在关闭 LCD 屏幕的情况下使用取景器进行的摄时, 相机将会以单按 AF 模式进行工作。

具体操作是: 将模式拨盘设置为 SET UP, 通过▲选择 📷 (相机), 然后通过 ▶/▲ 选择 [AF 模式], 再通过 ▶/▲/▼选择所需的模式, 按●。

拍摄技巧: 在目标位于方框边缘拍摄或者使用中心 AF 拍摄时, 相机可能会拍摄对焦方框的中心, 而不是方框边缘的目标。在这种情况下, 使用 AF 锁定对焦目标, 然后重新合成画面并拍摄。合成拍摄, 使目标位于 AF 范围取景器的中心, 并按下一半快门按钮, 当 AE/AF 锁定指示符停止闪烁并保持亮起时, 返回完全调整后的拍摄状态, 然后完全按下快门按钮。如图 1-36 所示。

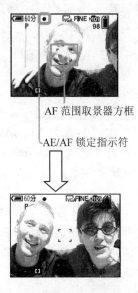

图 1-36 拍摄影像

2. 焦距预设方法。 使用先前设置的目标距离拍摄影像时，或者透过网或窗户玻璃拍摄目标时，使用自动对焦模式难以获得正确对焦。在这种情况下，使用焦距预设更为方便。具体操作如下。

图 1-37　选择与目标距离

（1）将模式拨盘设置为 P、M、SCN 或 ▢。

（2）按下 [MENU]，屏幕上将显示菜单。

（3）通过 ◀/▶ 选择 [F]（对焦），然后通过 ▲/▼ 选择与目标的距离，如图 1-37 所示。距离设置得选择有 0.5M、1M、3M、7M、∞（无穷远），最后选择 [多重 AF] 或 [中心 AF] 模式返回至自动对焦模式。

（五）手动设置快门速度和光圈及曝光值调节

1. 手动曝光。 曝光指数码相机可以接收的光线量。数值根据光圈和快门速度的组合而变化。在光线量增大时，影像变得更明亮（发白），光线量减小时，影像变得更阴暗。适当的光线量称为"正确曝光"。正确曝光可通过在光圈值减少设置较快的快门速度，或者在光圈值比正确曝光的值有所增加时设置较慢的快门速度进行维持。

曝光可以手动调节快门速度和光圈值。设置值和由相机确定适当曝光之间的差异将会以 EV 值显示在 LCD 屏幕上，OVE 表示由相机设置的最合适的值。具体操作如下。

（1）将模式拨盘设置为 M。

（2）按●，LCD 屏幕的左下角的"设定"将变为"返回"，并且相机进入手动曝光设置模式。

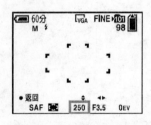

图 1-38　慢速快门功能

（3）使用 ▲/▼ 选择快门速度。可以在 1/500 秒和 30 秒之间选择快门速度。如果选择 1/6 秒或更慢的快门速度，则慢速快门功能将自动激活，在这种情况下，快门速度指示符的旁边将显示"NR"，如图 1-38 所示。

（4）使用 ◀/▶ 选择光圈值。根据变焦位置，可以选择三种不同的光圈值：当变焦设置在 W 侧时，有 f3.5/f5.6/f8.0 三个值，当变焦设置在 T 侧时有 f4.2/f6.3/f9.0 三个值。

（5）如果完成设置后仍然无法获得正确的曝光，在将快门按钮按下一半时，EV 值将会在 LCD 屏幕上闪烁。虽然在这种情况下仍然可以拍摄，但是必须重新调节正在闪烁的值。

（6）若要取消手动曝光模式，将模式拨盘设置为除 M 之外的任意位置即可。

2. 调节曝光 EV 值。 当手动调节相机曝光值而无法获得适当的曝光时，例如当目标与其背景反差较大时（亮或暗）时，则可以使用该模式。可在 ＋2.0EV 至 －2.0EV 范围内设置该值，增量为 1/3EV。具体操作如下。

（1）将模式拨盘设置为 P、SCN 或 ▢。

（2）按下［MENU］，屏幕上将出现菜单，如图1-39所示。
（3）通过◀选择 ☒（EV），屏幕显示曝光调节值。
（4）通过▲/▼选择所需的曝光调节值。

3. **利用柱状图调整曝光**。柱状图是表明影像亮度的图表。横轴表示亮度，纵轴表示像素值。图表显示表示越向左偏，影像越暗；越向右偏，影像越亮。如果在摄录或播放期间LCD屏幕难以看清，则可以通过此柱状图检查曝光情况，如图1-40所示。

图1-39　显示菜单

图1-40　柱状图调整曝光

具体操作是：将模式盘设置为 P 或 SCN，按 ▢ 显示柱状图，然后根据柱状图调整曝光。摄录前的柱状图表示当时显示在LCD屏幕上的影像的柱状图。按下快门按钮前后的柱状图有所不同，如果出现这种情况，在播放单幅影像或快速检视期间检查柱状图。

但在下列情况下柱状图无法显示。
（1）在数码变焦区域内摄录时。
（2）影像尺寸为［3：2］时。
（3）播放以多段模式拍摄影像时。
（4）转动静止影像时。
（5）使用播放变焦时。
（6）拍摄或播放电影时。

在以下情况下可能会出现很大的差异。
（1）启用闪光灯时。
（2）快门速为"低"或"高"时。

（六）高级拍摄

1. **连续拍摄影像**。用于连续拍摄影像。一次拍摄可以连拍的影像数取决于影像大小和影像质量设置。但是如果电池电量不足或"Memory Stick"的容量用完时，即使按住快门按钮，摄录工作也会停止。具体操作如下。
（1）将模式拨盘设置为 ▢、P、M 或 SCN。
（2）按下［MENU］，屏幕上将出现菜单。
（3）通过◀/▶选择［MODE］（拍摄模式），然后通过▲/▼选择［连拍］。

（4）拍摄影像。在按住快门按钮时，可以一直拍摄影像，直到达到影像的最大数量。如果在拍摄中间松开快门按钮，摄录将会停止。当"正在记录"从 LCD 屏幕上消失后，即可进行下一次拍摄。连续拍摄最大影像数，见表 1-10。

表 1-10　连续拍摄最大影像数

	精　细	标　准
5M	9	15
3:2	9	15
3M	13	24
1M	32	59
VAG（电子邮件）	100	100

（5）若要返回标准模式，可通过◀/▶选择［MODE］（拍摄模式），然后通过▲/▼选择［普通］。

需要注意的是：在使用自拍定时功能时，可连续拍摄多达 5 幅影像。在模式拨盘设置为 M 时，不能选择 1/6 秒或更慢的快门速度。

2．在多段模式下拍摄。按一次快门按钮成排摄录 16 帧。这样便于检查运动动作组成。具体操作如下。

（1）将模式拨盘设置为 ◘、P、M 或 SCN。

（2）按下［MENU］，屏幕上将出现菜单。

（3）通过◀/▶选择［MODE］（拍摄模式），然后通过▲选择［多段］。

（4）通过◀/▶选择 M（间隔），然后通过▲/▼选择所需的帧间时间间隔，如图 1-41 所示。时间间隔可以选择［1/7.5］、［1/15］和［1/30］三种。

图 1-41　选择帧间时间间隔

需要注意的是：在使用自拍定时功能时，帧间时间间隔将自动设置为［1/30］，在模式拨盘设置为 M 时，设置的快门速度不能慢于 1/30 秒。

（七）电影的拍摄与处理

1．拍摄电影。

利用数码相机可以拍摄有声的电影，摄录时间的长短由存储卡容量决定，当存储卡容量用完时摄录自动停止，具体操作如下。

（1）将模式拨盘设置为 ▦。

（2）按 ▦/🗑（影像尺寸），显示影像尺寸设置。

(3) 通过▲/▼选择所需模式,有[640(标准)]和[160]两种供选择。
(4) 完全按下快门按钮,"录影"会出现在 LCD 屏幕上,相机开始摄录影像和声音。若要停止摄录,只要再次完全按下快门按钮。

2. 查看电影。
(1) 将模式拨盘设置为▶。
(2) 通过控制按钮上的◀/▶可选择所需的电影。
(3) 按●,电影影像和声音即开始播放,影像尺寸为[640(标准)]的电影在播放时全屏显示,影像尺寸为[160]的电影在播放时其尺寸小于静止的影像。在播放时,播放条上的进程光标会移动,如图 1-42 所示。若要停止播放,再次按●。

图 1-42 播放电影

(4) 在播放过程中,可通过▲/▼选择音量的大小。若要重放电影,可按◀(上一幅)或▶(下一幅)。

3. 删除电影。
(1) 将模式拨盘设置为▶,并打开相机通过控制按钮上的◀/▶键,选择要删除的电影。但要注意,电影一旦被删除,将无法恢复。
(2) 按下▓/🗑键。
(3) 通过控制按钮上的▲键,选择[删除]然后按控制按钮●。但无法删除受保护的电影。
(4) 若要继续删除其他电影,可通过控制按钮上的◀/▶键,选择要继续删除的电影,然后按控制按钮上的▲键,选择[删除]然后按控制按钮●。
(5) 若要取消删除,可按控制按钮上的▼键,选择[退出],然后按控制按钮●。也可直接按下▓/🗑键。

【思考题】

1. 如何选择数码相机的分辨率?
2. 数码相机内存的存储能力与分辨率有何关系?
3. 数码相机如何拍摄和查看?

4．如何删除已获取的相片？
5．如何改变镜头的焦距？
6．闪光灯的设置有哪些？如何使用？
7．如何将已获取的相片下载到电脑？
8．如何拍摄电影？
9．如何使用手拍摄影像？
10．如何连续拍摄影像？

第二章 摄影技巧

第一节 摄影构图

要想拍出一张高质量、高风格、高水平的照片，除了要懂得摄影技术外，还必须学会摄影构图。学习摄影构图时要注意"画有法，画无定法"的思想，既要学习有关摄影构图的基本要求、基本规律和法则，又不要被这些所谓的"规律"、"法则"所束缚，既要以摄影构图常识作为基础，又要勇于创新、突破，有自己独特的风格。

一、摄影构图的含义

摄影构图的含义就是"运用相机镜头的成像标准和摄影造型手段来构成一定的画面，以揭示一定的内容。"

这短短三十几个字包含了极其丰富的内涵。它既涉及了"光线"、"景物在画面上的位置"、"虚实"、"色调"、"影调"、"画幅形式"、"色彩"等画面形式的因素，也涉及了"摄影视觉"、"视觉惯性"、"形式与内容的统一"等思想意识的因素。

摄影构图是摄影者把要拍摄的对象，通过精练的表现形式，有机地安排在摄影画面里，使摄影作品的主题获得充分而完美的表达。摄影构图贯穿于摄影创作的全过程。

在对摄影构图的认识问题上，有以下两点应特别引起注意。

1．辨证认识摄影构图的形式与内容的统一。

摄影构图是用"一定的形式来揭示一定的内容"的，因此，要时刻提防脱离内容而去纯粹追求表现形式，要求拍摄者充分运用最生动、最适当的形式来揭示一定的内容，达到形式与内容的统一。

"脸带笑容"是拍摄者对人物拍摄时常见的要求，但拍摄人物时不一定都笑，有时"哭比笑更生动"。

2．摄影构图主要是一种"艺术性学问"而不是"技术性学问"。

"技术性学问"一般来说是一套客观的、具体的规则，需要操作者遵循，按照其规定的规律或规则进行操作，违反了就会失败。例如摄影中相机的操作，胶卷的冲洗，照片的印放主要都是属于技术性学问，它们基本的操作规律规则是容不得违反的。

而"艺术性学问"则不然，艺术辩证法告诉人们："艺无定规"。这就是说，艺术性学问本身不存在必须怎样做,违反了就必然失败的具体规律、规则。只要留心一下被评为优秀的摄影作品,有不少恰恰是反所谓"构图规律"之道而行之,才取得了独具一格、耐人寻味、富有表现力的效果。

艺术是具有高度个性的东西,与创作者本人的直觉观感有密切的联系,摄影主要是靠画面的形式来传达,也就是主要用画面的图像代替文字,用"线、形、色、虚、实"等形式传达画面上。"线、形、色、虚、实"等因素是作为"摄影语言"来向观众传达照片含义的。

二、摄影构图的基本要求

虽然"艺无定规",艺术具有高度的个性,但对于观众来说却具有很多的视觉共性,而摄影作品在很多情况下是要给观众欣赏的,因此,就需要掌握摄影构图的基本要求。对摄影构图的基本要求可以概括为8个字,这就是:简洁、完整、平衡、生动。

(一)简洁

简洁是指画面上主题突出、陪体恰当、宾主分明,令人一目了然,要注意简洁不等于简单。

所谓主体就是主要表现对象或者主题思想的主要体现者;所谓突出,就是醒目。所谓陪体,就是主体前后左右的被摄景物;所谓恰当就是与主体有关联,有助于衬托主体。一不要让陪体压倒主体,令人有喧宾夺主之感;二不要宾主不分,和盘托出;三不要完全舍去陪体,在画面上只是孤零零留下主体。

(二)完整

完整主要是指画面中的主体必须给人一种完整感。这跟摄影作品所要表现的意图有很大的关系。要注意完整并非完全。

由于人的视觉具有下意识的自动延伸的功能,不"完全"的影像也能给人以"完整"感,如拍摄常见的齐胸人像,人物的头部特写,膝盖以上的半身人像等都能给人以完整感。因此,完整和完全是两个不同的概念,不可混为一谈。

一幅画面是否能给人以完整感,在很大程度上取决于拍摄者的表现意图,这就是"你要表现什么?"如图2-1。

图2-1　桂林骆驼山

(三) 平衡

平衡在画面构图上有两种表现，一是指画面水平线水平、垂直线垂直，否则就会产生倾斜，不稳定的视觉感受；二是指画面影调的平衡，色深给人的视觉感受重，色浅给人的感受轻。

在摄影时，不仅要懂得色调的安排，更要懂得一副相片的色调能使人产生联想。高调与低调有某种占绝对优势的颜色，有助于强化表现某种表现力，强化某种艺术感染力。但也带来了题材和内容上的局限性，而中间调虽然在色调上强化某种艺术感染力不如高调和低调，但却具有对各种题材、各种内容表现较为自由的特点。

(四) 生动

生动的含义极为丰富，各种各样的构图因素运用得恰到好处，都能产生生动的效果。被摄人物的神态、姿态美是生动，线条、影调美是生动，摄影技法运用恰到好处也是生动。但生动不能忽略内容的主题，只有与内容统一的生动才是真正的生动。例如，拍摄人物时，被摄人物笑得自然，常常是生动的一种表现，但是，如果表现的内容该人物在这种场合并不应该笑，那么这个人物笑得再自然，也不能称为生动。

三、摄影构图的基本特性

(一) 注意人的视觉惯性

照片属于一种视觉艺术，摄影者拍摄照片，并不仅仅为了给自己观看，更主要的应该是给广大观众欣赏。不同的人由于文化水平、艺术修养、社会经历等差异，对同一照片，会存在着视觉感受的差异。但是，人们还存在着许多共性，这种人具有的视觉感受的共性称为人的视觉惯性，视觉惯性包含着许多内容，主要有以下三点。

1. 画面稳定

人的视觉感受对画面的稳定感到习惯、安定、舒服，向往画面稳定是人的视觉天性。画面的稳定包括水平线、垂直线的稳定和色彩的稳定。如拍摄有地平线的景物时，往往会犯地平线不水平，发生倾斜问题；又如一幅照片，左边是大面积的红色，右边是大面积的白色，则给人以不稳定感，而当右边大面积白色上有少量黑色，则整幅画面就会给人以稳定的感受。

2. 画面空白

画面空白是指面上留有一定的空间，并非仅仅是指画面上的白色。空间并不是完全没有画面，而是这些画面是陪体，不被人所重视。如蓝天、白云、水平地面、海面、远处的山峰等。

绘画的理论中有"画留三分空，生气随之发"的说法。一幅照片如果主体、陪体拥塞得满满、不留一点空白或空间，分不清主体和陪体，往往会给人的视觉感受是沉闷、不舒服。

画面空白最基本的应用有两点。

（1）拍摄动体时，动体在画面上运动方向的前方要留有一定空间，前方要比后方留有较大的空间，这样有助于加强动体的运动感，否则会感到动体在前方受阻碍而感到不舒服。

（2）拍摄人物时，若人物是侧身的，则被摄人物视线前方要留有一定空间，一般要比后方留有空间大些。

3．视觉重点的位置

视觉重点的位置采用"三分法"定位，又称"井字分割"，把画面的垂直和水平各三等分，这4条分割线的4个交叉点，尤其是右侧的两个交叉点被认为是视觉重点的位置，因为人们观看一张照片时，照片上某些部位最吸引人的视点，这就是所谓的"视觉重点"。在拍摄时为了使占画面较小面积的景物能引人注意，有意识地把它安排在视觉重点的位置往往有助于获得成功。

（二）注意拍摄点的选择

对于任何一个被摄景物来说，拍摄点可以千变万化，对于不同的拍摄点，所拍得的相片表现的效果不同。拍摄点的不同不外乎就是拍摄的距离、方向、高度三个方面的不同，因此，在注意拍摄点选择时，就应该从这三个方面来考虑，即"从不同的摄距、不同的方向、不同的高度"来选择拍摄点。

1．从不同的摄距来选择拍摄点。对于同一景物来说，摄距的远近体现在画面上就产生了景别是不同的，这就需要拍摄者根据所要表现的意图来决定。画面的景别一般分有：远景、全景、中景、近景、特写等。

不同景别具有不同表现力，绘画理论中"远取其势，近取其神"的说法就是说明了这个道理。一般来说，远景擅长表现景物的气势，全景擅长于表现景物的全貌，中景擅长于表现景物或人物间的关系，近景、特写擅长于表现景物的细部与人物的神态。

2．从不同的方向来选择拍摄点。不同方向拍摄的画面所体现的风格给人的感觉也不同。正方向拍摄擅长于表现具有对称美的景物，如图2-2所示，给人以庄重感；侧方向拍摄有利于表现被摄体的主体感和空间感。

图2-2 正方向拍摄溶洞景色

正方向拍摄的景物在画面上往往多平行线条，给人以庄重感，但景物各部分往往平均地展示在画面上，不利于突出景物的某个部分，产生缺乏变化、呆板的效果。侧方向拍摄则有利于突出被摄体，但只要侧位发生变化其效果就不同。

3．从不同的高度来选择拍摄点。不同的高度指相机是高于、低于还是等于景物的水平线，即是采用平拍、仰拍还是俯拍。

平拍擅长于突出前面的景物，仰拍擅长于突出和夸张被摄体的高度，俯拍擅长于使前后景物在画面上充分展示，有助于表现被摄对象的地理位置和众多的数量，如图2-3所示。

图2-3　俯拍

（三）注意画幅形式

画幅的形式是指画框的形式。从拍摄的角度来说，也就是通常讲的直取景还是横取景。这就要考虑所要表现的画幅内容是什么。

一般来说，如果垂直线大于水平线的画幅，尤其是高而狭的画幅有利于强化高耸、上升的效果，对表现高耸的景物（如高楼大厦、参天大树），向上运动的景物（如跳高运动、跳起投篮等），一般采用直画幅。如果垂直线小于水平线的画幅，尤其是低而长的画幅有利于强化宽广、平稳水平舒展的效果，对表现平静的风景、水平式的运动等景物，一般宜采用横画幅。

因此，拍摄时要注意两点：其一是摄影者在拍摄时应先分析是水平线条占优势还是竖直线条占优势，再考虑选择横幅还是竖幅；其二是有些初学者常拍一些菱形画幅，这种画幅形式给人一种不稳定感，不宜采用。

（四）注意虚实结合的运用

这里的虚实是指画面上景物的模糊与清晰。虚就是模糊，实就是清晰。虚实结合的画面富有较大的表现力。

要在照片上产生虚实结合的效果，可使用"手动拍摄"档进行拍摄，利用动静原理，即在相机快门开启瞬间，影像在胶片上动则虚（包括被摄体动、相机不动和被摄体不动、相机动两种情况），静则实（包括被摄体和相机均不动和被摄体和相机均动，但影像在胶片上保持相对静止两种情况）来拍摄；也可以利用云雾、烟雾、尘雾产生前实后虚的朦胧效果，如图2-4所示。

图 2-4　烟雾拍摄

采用虚实结合的构图主要有以下三种作用。

1．突出主体

把主体拍实，把陪体拍虚，使主体醒目，吸引人的视觉。人的视觉有向往清晰、明了的欲望，在拍摄近景、特写人物时，虚实结合是最为常见的。

2．表现动感

在静止的照片上，表现动体的动感，最常见的方法是采用虚实结合，常见的有三种拍摄方法及表现形式。

（1）用合适的快门速度和掌握曝光时机来取得的具有动感的相片。这种相片动体大部分部位较清晰，动感强烈的部位虚糊，如拍文艺演出或体育竞赛人物。

（2）只用快门速度控制来取得的具有动感的相片。这种相片动体本身较虚糊，画面上其他静止的景物清晰。

（3）采用追随拍摄法取得的具有动感的相片。这种相片动体本身较为清晰，静止的背景强烈模糊。

3．加强画面空间感

被摄景物具有三维空间，而照片只有二维空间，因此，利用人的视觉错感在二维空间的照片上反映出三维空间的被摄景物，有助于表现画面的空间感。因为人的视觉看不清太近或太远的景物，画面上虚糊的景物就会使人产生比清晰景物近或远的错觉。

（五）注意前景和背景的运用

1．前景的运用

前景是指画面上处于主体前面的一些景物，任何物体都可以用来作为前景。在摄影构图中，有意识选取一定的前景，往往对画面的表现力有较大的作用。根据不同的表现对象，选取不同景物作为前景，能产生不同的效果。

在摄影构图中运用前景的效果，常见的有几种。

（1）增强画面空间感的效果。照片上有了前景，增加了画面上远大近小的视觉透视效果，有助于人们在欣赏照片时产生空间感。

（2）渲染季节特征、地方特征和现场气氛的效果。适当选择有季节特点的花草树木等作为前景，能使画面富有时令气氛，也能增加浓郁的地方色彩和异国情调，从而增强了画面的感染力。

（3）增添画面图案美的效果。选择某些有规则的结构图形作为前景，能增添画面的图案美。如窗户、图案形孔洞等是最为常用。

（4）产生对比或比喻效果。选择某些与主体在内容或形式上有对比意义的景物作为前景，能起到对比、比喻作用，引起人们联想，从而深化画面的表现力或揭示出画面的主题。

2．背景的运用

背景是画面上主体后面的景物，它是一幅画面的有机组成部分，用以衬托主体。不同的背景能起到突出主体的作用，或能起到丰富主体内涵的作用。

（1）突出主体的背景处理。突出主体的背景处理主要有两种手段：一是使背景简洁；二是使背景与主体有鲜明的影调对比。

使背景简洁。背景简洁必然突出主体，背景复杂必然分散观众注意力而使突出主体受到影响。使背景简洁的方法：一是通过改变摄影点来避免那些与主体无关或关系不大的景物射入画面；二是通过虚实结合手法使背景模糊。

使背景与主体有鲜明的影调对比。背景与主体没有鲜明的影调对比，往往会使主体与背景混为一片。一般来说，暗的主体宜衬托在亮的背景上，亮的主体宜衬托在暗的背景上，中灰背景即可衬托亮的主体也可衬托暗的主体。

（2）丰富主体内涵的背景处理。

选择有地方特征、季节特征和现场特征的景物作背景，用以支持主体所处何地、何时、何事。如用某地特有的建筑，某时特有的花木，某事特有的标语、会标、现场景物或反映某个时代特征的景物作背景。

选择有对比意义的景物作背景，包括与主体在形式上对比或内容上对比，或比喻性对比等。这样的背景能起到用鲜明的形象来揭示主体的内涵，深化照片主题思想的作用。

第二节　追随拍摄技巧

追随拍摄是用于拍摄动体，特别是横向直线运动的动体所常用的拍摄技巧。追随拍摄的特点是使相机在追随动体的移动过程中按下快门，使动体成像较清晰，而背景则呈强烈的线状虚糊的画面，这种画面的动感强烈。而形成这种画面的原因是：在曝光瞬间，动体相对于相机是静止的，而背景相对于相机是移动的。

一、追随拍摄的操作方法

追随拍摄的操作方法可以归纳为：在拍摄瞬间要持稳相机、平稳追随，在转动中按下快门。

1. 持稳相机。相机是否持稳对追随拍摄是很重要的，将影响追随拍摄能否平稳追随。持稳相机的操作通常是两腿分开并略前后叉开站稳，右手食指轻轻放在快门按钮上，左手掌托相机并用拇指和中指捏着聚焦环。

2. 平稳追随。平稳追随动体，就要使动体在被追随过程中相对稳定于取景屏的中心，也就是动体虽在运动，但相对于相机是静止的。在追随时，应采用头部与身体作为一个整体一起转动的方法，这样有助于平稳追随。

3. 在转动中按下快门。在转动中按下快门就是边转动边按下快门。这就要求相机在按下快门时不能停止追随，否则就失去追随拍摄的效果。

追随拍摄有横向与旋转追随。横向追随拍摄主要用于拍摄横向运动的动体，也是摄影者常用的一种方法。若对于旋转运动的动体，就用旋转追随拍摄，但旋转追随拍摄比横向追随拍摄难度大。

二、追随拍摄的快门速度与背景

1. 快门速度。使用"手动拍摄"档，一般宜用 1/60 秒或 1/30 秒，根据动体运动的速度和摄距确定。快门速度越慢，操作难度越大，但如果掌握得好，背景线状模糊较强烈，效果更好；快门速度越快，背景线状模糊较弱，追随拍摄效果不太明显，故不适用。

2. 背景。追随拍摄的背景宜选择具有较小明暗部位，即明暗掺杂或色彩缤纷的非单一色调的背景，如花草树木等。这样的背景有利于在追随拍摄中出现丰富的线状虚糊，如果是单一色调的背景，如以白墙为背景，那么，再高明的摄影者也难以拍出追随效果，如图2-5。

图 2-5 追随拍摄法

三、追随拍摄的角度、摄距与光线

1. 拍摄角度。要求选择拍摄方向与运动方向成 75°～90°为宜，角度太大或太小会影响拍摄效果。

2. 摄距。根据动体的横跨度或高度来确定。摄距不同，选择的横跨度或高度也不同，则快门速度的选择也不同。

3. 光线。逆光或侧逆光的光线对追随拍摄较为理想，有助于主体与背景分离而富有空间感。

第三节 旅 游 摄 影

一、旅游纪念照拍摄的一般要求

旅游纪念照目的起到"到此一游"的作用，并让亲朋好友了解旅游点的优美景观、人文气息、地方特色及名胜古迹，因此，拍摄一套生动的旅游纪念照就应该拍出多景点、多角度与人景交融的画面。

（一）出发前准备

旅游观景往往是走马观花，在拍摄时会漏拍某些主要景点。因此，在旅游出发之前，可先阅读所去旅游点的有关书籍、旅游指南等，也可上网查找相关网站，了解所去之处的主要景点有哪些是很有必要拍摄的。

（二）旅游途中摄影

旅游通常是坐飞机、火车、汽车或轮船，途中会经过某些城市；会看到一些地方特色、民俗；会碰到一些预想不到的景观，因此，照相机应放在身边，随时准备拍摄，不应把相机束之高阁。

1. 飞机。机场一般都有比较漂亮的建筑，值得留影；乘坐的飞机机型各种各样，也需要拍摄留念；飞机飞行途中，主要景观是云，各种各样的云层变化多端、千奇百态，像冰山、像海洋、像河流，漂亮极了。而这些景观是一闪就过，因此，必须当机立断、眼明手快地拍摄下来。拍摄时，镜头要紧贴机窗向外拍摄。

2. 火车与汽车。乘火车与汽车在行驶中震动较大，因此要持稳相机。由于火车与汽车经过奇山、城市的机会较多，这些都有可拍的景色，若稍一迟滞就会错过理想的画面。

3. 轮船。轮船是最为宽敞的交通工具，游客可在船上活动，船外的景观主要是汹涌澎湃的海水、海边城市、海上孤岛等，包括船首的波涛、船尾的浪花都是拍摄对象，拍摄时要到处走动，选择合适的景色和拍摄方向。

（三）旅游纪念照拍摄

旅游纪念照是起到"到此一游"的纪念作用，每到一处景区，除了从旅游指南或旅游网站已经知道的情况外，还可以从当地景区的摄影点广告照片中了解本景区的主要拍摄景点，可指导我们拍摄比较完整的一套旅游纪念照片。

1. 多景点。一到旅游景区，进入我们视线的景区入口一般是值得拍摄纪念的，景区内又有很多名胜古迹、地方特色等都是拍摄对象。除此之外，当地的风土人情、民俗民风也是拍摄对象。还有，每到一地的车站、码头、机场，所住的宾馆、饭店等的内外景色都值得留影。

2. 多角度。拍摄旅游照片不要拍成千篇一律的"面对镜头，脸带三分笑"，这样会造成呆板的感觉。除了拍摄景点之外，在娱乐、在参观、在谈笑、在行走、在等待、在进餐、在休息也都是拍摄对象。拍摄时不仅从正面拍，也需要从侧面拍、顺光拍、逆光拍，才能产生生动的画面。

3. 人景交融。拍摄旅游照片时要恰当地处理好人与景物的关系，力求人景交融。既要避免人离相机太近，占画面太多，又忌人离相机太远而使人像太小看不清楚。大景深对旅游纪念照片往往是必须的，尤其应防止把主要景物拍虚，但非主要景物拍虚则是可选之举。

二、旅游风光拍摄手法

旅游风光摄影的手法可归纳为4个字：知、观、表、现。即知其时、观其势、表其质、现其伟。

1. 知其时。"时"在意义来说有广义和狭义的分别。从广义来讲，是指季节性的春、夏、秋、冬。大家都知道，把大自然装点得多姿多彩的花草树木，它们的孕育、茁长、枯落，无不随着天时气候的变迁而变化。因此同一地点的风光景物，四季就有不同的景色特点，随着季节气候转移，花草树木呈现着各种不同的姿态，变幻莫测。就连浮游在天空的云，都是展现在眼前的一幅幅壮观的奇景，如图2-6、图2-7所示，而直接与这云有密切关系的就是雨和雾，这些都是大自然的一般景象。但云和雨的形与势的不同，实际上也是四季的不同。因此既要表现大自然，又要拍摄具有典型性的风光，对这广义的"时"，便不能不细加分析、深入了解，才能有效地把握好最佳拍摄时机。

图2-6　高山云海

图2-7　云中"虎"

而狭义所指的"时",是一天里自早晨至黄昏,甚至晚上。摄影最主要的条件是光源,而拍摄大自然风光所靠的光源,却是唯一的阳光。因此,应把这唯一的、非摄影者能主宰的光源,得以恰当的利用。这就必须对季节性光的方向来源和可能投射到的地方和位置要了解,我们一般只知太阳东升西落,而实际上升降的方向都是随季节而移动的,因此光的改变也直接影响了画面的效果。冬天太阳升起的位置是偏于南,而投射偏北;夏天的太阳却升自偏北,下落是射向偏南。光源对景物产生的效果,纵然只是一线之差,但都有很大的不同。拍摄大自然的风光唯一可靠的阳光,关于它的升降位置的投射方向,应必须清楚,这对于拍摄绝对重要。

2. 观其势。观其势是指观察拍摄景物的整个环境和形势。大家知道,当我们身处在大自然的怀抱中,满眼都是景物,缭乱杂陈,景物如何取舍、如何选择最佳位置和最佳角度等也不是仓促间能够作出决定的。为此,必须细心有耐性地、不厌其烦地从任何位置和角度去探讨。仔细观察,结合积累的经验,选取认为理想的角度去拍摄心目中已初选的景物,随之再加以细致的剪裁。所谓剪裁是要对最微末的地方也要注意,不容疏忽。不管一草一石,一枝一叶,都要列入需要推敲的范围。因为很多在开阔的情况下看似微不足道的事物和毫不重要的地方,当在一张作品的完美要求上,起着建设和破坏的极端作用。因此,选景与拍摄是要相当细致的。画家黄宾虹说:"纵游山水间,既要有天以腾空的动,也要有老僧补衲的寻静。"意思是说我们对眼前的景色要有无比的热情,不辞劳苦的四处奔跑、观察、取景,跟着就是要代表性地去思考,去认识眼前的景色,从而了解这些景色。画家们又讲:"山峰有千姿百态,所以气象万千,它如人的状貌,百个人有百个样。"所以我们观察山景,不是停留在表面上,更多注意的是山景的气势与当地的特色。

3. 表其质。我们知道,万物都有它的独特的本质,尤其拍摄大自然风景。对于充满整个大自然环境的花、草、木、石、泥的本质要深切认识,熟悉和掌握其本质,使其有效地重现于画面中。也就是要求在表现景或物的时候,不是徒具其形貌的轮廓,重要的目的要表现到有质的感觉,既有骨,又有肉,也就是要表现其本质。这样能让观众感觉到是活生生的景物。

4. 观其伟。在拍摄崇山峻岭,参天乔木等,大可运用镜头角度拍摄景物而达到"伟"的方法,也可以运用衬托对比方法,使景物的"伟"更易彰明。同时,"伟"也可以引申为美,把景色最美之处给以突出,亦是现其"伟"的一个范畴内。那么,我们拍摄风光照片如何去观其"伟"呢?关键是在于抓景物的特点、气派。如黄山,有云海、云雾、奇松、怪石四个特点。但是我们把视野放到大处,便有各具奇景,各具奇险的36大峰和36小峰;若把视界略放,更有不少郁郁苍苍的茂林、清幽深还的岩谷。再把视线带回身边,便有许多自由自在的小景,这一切的一切,都以令人心醉神迷。因此,当我们进入名山大川的时,就要凭自己的眼力和经验,发现景物最美的一面,把景物的各种"伟"尽收镜头。

三、运用摄影手段拍摄优秀风光照片

1. 运用倒影来增添感染力。倒影可以为画面增添感染力并带来视觉快感,如图2-8、图2-9所示。由于景物倒影可以使风景的部分图案得以延伸或重复,它们能扩大风光影像的表现力与表现范围。倒影本身还可以为景色增加宁静感。捕捉倒影的最佳时机是在日出时分,那时周围的气氛平静。其次是在日落时分拍摄。最富有戏剧性的倒影经常是出现在像镜子一样的水面上。如池塘、水坑、河水退后形成的死水和小的湖泊,有可能提供拍到理想倒影的好地方。在拍摄之前就应当观察好这些地方,选择拍摄地点,以便能在拍摄期间捕捉到景物的倒影,为画面增添一块非常有趣的部分。

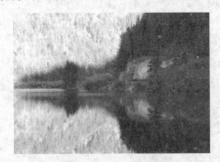 

图 2-8　镜海风光 1　　　　　　　　　图 2-9　镜海风光 2

2. 选择日出与日落时机拍摄。对于太阳的拍摄,一般不选择正午的太阳拍摄,因为此时太阳的亮度极大,而且太阳四周没有云霞,比较单调。摄影者对太阳的拍摄主要是选择其日出与日落之际进行拍摄的。

拍摄日出与日落的最佳季节是春、秋两季,这不仅仅因为春秋两季比夏季的日出迟、日落早而便于拍摄,更主要是春秋季节在日出与日落时分的云霞较为丰富。火红的朝霞和晚霞能使日出和日落的画面给人以更多的美感。日出后的 10 分钟和日落前的 10 分钟是拍摄的最好时机,特别在太阳处于云霞边缘位置时,云朵便会出现醒目的亮边;当云彩遮挡太阳时,阳光又会从云彩的间隙迸发出散射的光芒,如图 2-10。

图 2-10　日落时拍摄

由于日出与日落时分的光线亮度不高，且光线变化很大且很迅速，一分钟前后的曝光就会大不一样，因此使用三脚架对拍摄日出与日落是十分有用的，遮光罩也比通常拍摄时更重要，有助于限制在镜头内产生眩光，光芒镜可使太阳反射醒目的光芒。

日出与日落照片的取景是根据拍摄所要表现意图和现场条件而定。低角度拍摄可使画面充满灿烂的云霞而令人感叹，以微波荡漾的水面为前景的日出与日落画面能使人心旷神怡，以观看日出的人物剪影为前景又能给人身临其境之感。

3. 选择与太阳成直角的景物拍摄。清晨或傍晚是选择与太阳成直角的景物的最好拍摄时机。在日出或日落以外的时间也能拍到富有戏剧性的风光照片。在清晨或傍晚的时候，光线会有效地勾画出大地的轮廓，使之产生立体感，同时提供令人兴奋的天空色彩和有趣的云彩形状。对着落日拍摄可能会使你迷惑，但是这时通常很难较好地再现天空或大地的色彩和质感。若选择与落日或日出成直角的景物来拍摄则能为表现风光的形态提供最好的造型，还可以产生最大限度的天空偏振光。可以使用一块较大的反光板或加柔光片的辅助闪光来增加色彩饱和度并降低前景重要成分的反差。当天空处于半阴状态，云彩高悬于远处上空时，最有可能出现富有戏剧性的景色。要在太阳处于地平线以下时拍摄。那时落日余晖照射到天空上方，云彩呈现出粉红色和红色调，这种暖调的粉红色和红色光会形成柔和的反光，映红下面的景色。

4. 寻找意想不到的被摄体。自然界意想不到的事物可以为画面增添情趣。在为拍摄做准备时，还要注意观察自然界意想不到的事物，它们可以为构图增添额外的情趣。例如，当在某公园寻找拍摄地点时，要设法避开路边灌满雨水的沟渠，这条沟渠被一些正开着花的低垂弯曲的多花狗木丛遮挡着。向下瞥了一眼，突然看到了附近一座山的倒影！在拍摄某海岸的海滩时，在退潮时来到预先找好的拍摄地点，潮水退后留下许多色彩艳丽的海星附在海滩的岩石上。这些海星成了照片醒目前景的主要成分。当在黄石公园拍摄鳟鱼池中的倒影时，初升的太阳把一朵云彩染成了美丽的玫瑰色，有几分钟时间在我的三脚架前面的小水坑中形成了倒影。

第四节 舞台摄影

舞台摄影很重要的拍摄方法是抓拍。拍摄时既要能不失时机地拍下演员的优美动作，又不能改变舞台的灯光色彩。

一、舞台灯光与拍摄位置的选择

舞台摄影的光线通常采用舞台现场灯光，不使用闪光灯拍摄，正式演出一般也不允许使用闪光灯拍摄。舞台灯光对摄影者来说的显著特点如下：一是演员受光与背景受光的差别极大；二是演员在舞台不同位置的受光也存在明显差异；三是常常使用有色灯光渲染舞台效果；四是具有多种灯型，变化多端，如正面光、侧面光、脚光、逆光、追光；五是灯光强度相对于室外自然光来说，要弱得多。

拍摄位置的选择，主要是根据拍摄者拍摄所表现的意图、所要拍摄的景别来考虑的。一般的拍摄位置一是楼下一排正中偏左一点，便于拍摄演员进入舞台时的"亮相"动作的中、近景；二是第五排左右靠走道边的位置，便于拍摄者前后活动取景；三是二楼第一排正中位置，便于拍摄大场面，防止前后演员重叠，有助于产生图案美的画面。

二、掌握剧情特点与选择拍摄时机

进行舞台拍摄时，由于一些优美造型或富有表现力的动作等舞台形象都是一闪就过，因此拍摄者拍摄前要先了解剧情的进展及特点，及时抓拍，才能拍得高质量的照片。一般来说，若有条件，事先看一两遍，对剧情的进展有所了解，明确演出的高潮或精彩的瞬间在何时出现，这为拍摄者不失时机地拍下演员的优美动作有着很大的帮助。

1. 舞蹈的拍摄特点。舞蹈是摄影爱好者偏爱的摄影题材，因为舞蹈时表演者通过各种舞姿来表达和抒发感情的形体动作表演。各种舞蹈都有各自的特点，比如拍摄芭蕾舞要注意表现脚尖的舞姿；拍摄蒙古舞要注意表现抖肩动背；拍摄单人舞要注意人的优美、抒情的舞姿；拍摄双人舞要注意两人配合默契的动作；拍摄集体舞要注意集体的造型。

使用"手动拍摄"档，选择快门速度为 1/60 秒或 1/125 秒，有助于取得虚实结合的舞台形象。对优美抒情的、动作较慢的舞姿，则应抓取其最动人的姿态和生动的表情；对于集体舞，导演往往在开场与结尾设计了优美的造型，这是拍摄集体造型最好的时机，如图 2-11 所示。

图 2-11　集体舞的拍摄

2. 戏曲的拍摄特点。戏曲的特点是以手、脚、眼、身、步配合唱腔来表达角色的内心活动，因此拍摄时要注意这些细节的表现。

戏曲演员在大段演唱时，往往在舞台上有反复的动作表演，这时对抓取富有表现力的瞬间又有较多的机会，有些戏曲有不少跌打翻腾、跟头连串、刀枪飞舞的表演，对这些急速动作，一要注意合适的快门速度，二要多拍，采用快门速度为 1/60 秒秒或 1/120 来获取虚实结合的动作照片。

传统的戏曲还具有服饰讲究、别具一格的特点，化装采用脸谱话，有善恶之分。

3. 杂技与曲艺的拍摄特点。杂技的特点是高难度的技巧和优美动作的结合。拍摄杂技要注意拍出演员的技巧和优美的造型，通常宜拍全景和中景，才能从画面上反映出杂技的惊险与高难度。同时，也要注意掌握时机抓拍。

曲艺具有表演人数少、道具简单、随处可演的特点，且是以逗人笑的艺术特色。因此，要能抓住演员的神态，使用中、近景拍摄。

第五节 体 育 摄 影

一、体育摄影的快门速度

体育摄影其实就是对动体的摄影，由于各运动项目的特点不同，因此就要掌握其运动规律，根据所要表现的意图选择快门速度。"快了"、"慢了"、"适中"的快门速度是针对不同的运动项目、不同的表现意图而言的。因此，可使用"手动拍摄"档，根据需要选择不同的快门速度。

1. 快门速度"快了"，产生动体影像被"凝固"，其优点是动体影像被清晰地记录下来，缺点是影像的动感不足，快门速度一般采用 1/500 秒或 1/1000 秒。

2. 快门速度"慢了"，产生的通体影像模糊，优点是具有强烈的动感，缺点是对动体细节甚至面目姿势表现不佳，虚糊的动体影像往往擅长于表现高速运动的体育项目。

对体操运动员 1/8 秒是慢的，对飞驰的赛车或百米冲刺 1/60 秒是慢的。不同的"慢速度"对同一动体产生的虚糊效果也不同。

3. 快门速度适中，产生的动体影像是虚实结合，动体中动感强烈部位呈虚糊状，其余部位则较清晰，其优点是既能表现出动体的面貌，又能表现出动感。但其动感效果比快门速度"慢了"较不显著，其清晰度比快门速度"快了"的效果较差。

二、常见的几种体育项目的拍摄

1. 短跑。短跑的起跑姿势健美有力，宜用低角度、侧方向拍摄。当发令枪一响，运动员腿冲出，左脚刚蹬离地面的瞬间最具动作的表现力，如图 2-12 所示。此时，快门速度宜用 1/250 秒，且用变焦镜头。终点冲刺是短跑最精彩的瞬间，要抓住运动员压线瞬间拍摄，快门速度宜用 1/500 秒。如图 2-13 所示。

图 2-12　起跑瞬间　　　　　　　　图 2-13　终点冲刺瞬间

2. 接力跑。接力跑的特点是传递接力棒。因此要了解运动员是左手接棒还是右手接棒，摄影者在运动员接棒瞬间拍摄，如图 2-14、图 2-15 所示。快门速度宜用 1/250 秒。

图 2-14　接力瞬间 1　　　　　　　　图 2-15　接力瞬间 2

3. 跨栏跑。跨栏跑的特点是跨栏的瞬间最具表现力，如 2-16 所示。因此，摄影者要先了解运动员是左脚跨栏还是右脚跨栏，然后再考虑要在左侧拍摄还是在右侧拍摄。拍摄时要选择低角度，且快门速度宜用 1/125 秒或 1/250 秒。

4. 跳高与撑杆跳高。跳高与撑杆跳高的特点是运动员跃过横杆瞬间最具表现力，如图 2-17 所示。拍摄点是人与横杆，宜用仰拍，主要是强化运动员腾空而起，快门速度宜用 1/250 秒。

图 2-16　跨栏　　　　　　　　图 2-17　跳高

5. 跳远与三级跳远。跳远与三级跳远的特点是运动员跳起腾空的瞬间最具表现力，尤其在刚刚腾起的瞬间姿势最为优美，如图2-18、2-19、图2-20所示。运动员双脚着入沙坑的瞬间，沙花四起，也是拍摄的对象。拍摄时快门速度宜用1/250秒。

图2-18　跳远与三级跳远1

图2-19　跳远与三级跳远2

图2-20　跳远与三级跳远3

6. 球类。篮球的特点在于运动员篮筐上投篮、封篮、切入球、盖帽、争球等动作；排球的特点在于运动员传球、扣球、拦网、鱼跃救球或侧倒救球等动作；足球的特点在于运动员凌空射门、头顶甩球、阻挡拦截、守门员鱼跃扑球等动作；羽毛球的特点在于运动员扣杀、救球、扑球等动作。因此，要抓住各种球类的不同特点，拍出富有表现力的照片。拍摄球类时快门速度宜用1/250秒。

第六节　新闻摄影

一、新闻摄影的定义

新闻摄影的定义是用摄影手段记录正在发生着的事实或与该新闻相关联的前因后果，

结合具有新闻信息的文字说明（包括标题）进行报道。新闻摄影的本质特征就是用照片和文字说明的结合去报道新闻。它的内涵是照片和文字说明（包括标题）的有机结合。它的界限是这两者的结合是否报道了新闻。

这个定义对新闻摄影作出了如下5个方面的规定。

1. 新闻摄影的对象——新闻事实。
2. 新闻摄影的手段和表现形式——照片和文字说明的结合。
3. 新闻摄影的拍摄要求——正在发生着的新闻事实，或与该新闻相关联的前因后果。
4. 新闻摄影的文字说明——要求具有新闻信息，并与照片内容相关联。
5. 新闻摄影的基本职能——形象化地报道新闻。

在对新闻摄影定义的认识上，存在着另一种影响较为广泛的观点，即"新闻摄影就是用照片报道新闻"。这种观点的片面性在于只注意了新闻摄影内涵中的"照片"，忽视了它的重要组成部分——文字说明。这实质上是把新闻摄影仅仅作为一种摄影形态来看待，而忽视了新闻摄影也是一种新闻形态。

新闻摄影的诞生是由于报刊报道新闻的需要，新闻摄影的生存也依赖于报刊的需求，离开了报道新闻，新闻摄影也就失去了存在的价值。因此，对新闻摄影的基本职能是报道新闻，这并无疑义。那么，新闻摄影究竟是以何种手段来报道新闻的呢？

当在看报刊上的新闻摄影报道时，必定是先看照片，紧接着就会看照片的文字说明，然后又会回到照片上，直到照片和文字说明相结合所报道的这一新闻为你了解为止。又如，一副你所熟悉的政界人物的互访照片，如果没有文字说明，你仅看照片也不能确切地知道到底是谁在访谁。

从这简单的例子可以证明，单单用照片是报道不了新闻的。现代新闻摄影报道不仅仅单纯地提供新闻事实，还需要说明其他更深刻的含义。要做到这一点，单纯的照片，哪怕拍得再好，也是难以办到的。照片与文字说明（包括标题）这两个不可分离的要素构成了新闻摄影的特殊报道形式。

作为新闻摄影记者，如果只会拍照片，不会写新闻性文字说明，那是不称职的。认为新闻摄影水平的高低仅仅是拍摄技术的高低是片面的。应当肯定，提高摄影技术是十分重要的，但如果对新闻摄影的认识仅此而已，也就不能成为一个称职的新闻摄影记者，因为新闻摄影的基本职能决定了摄影记者是从事新闻报道的。除了前面已述的单用照片报道不了新闻这一常识外，对于一个摄影记者来说，应当致力于寻找适合于采用照片与文字说明的结合来报道的新闻。如果只会按照编辑部指定的对象去"咔嚓"，或者遇上突发性新闻事件时，也能挤到人群中去抢镜头，除此一筹莫展，即使拍出的照片质量无可指责，也不是一名称职的新闻摄影记者。理由是他缺乏到纷繁的生活中去寻找既有新闻价值，又有形象价值的镜头这一新闻摄影的基本功。此外，作为一名称职的新闻摄影记者，必须具备两种能力，即摄影的能力和文字的能力，这种文字的能力是指结合图片影像表达新闻的文字能力。

二、新闻摄影的报道体裁

新闻摄影的报道形式，就是照片和文字说明的结合。照片与文字说明相辅相成，相得益彰，文字说明注释了照片的形象，照片形象又证实和集中了文字说明的内容。提高新闻摄影报道质量，不仅要研究如何拍好照片，而且要研究如何写好照片的文字说明。新闻照片的文字说明要求随具体报道体裁的变化而有所不同。新闻摄影的报道体裁可分单幅图片与成组图片。

（一）单幅图片的报道体裁

单幅图片的报道体裁又有配合文字稿和独立报道两种。

1. 配合文字稿。配合文字稿的新闻照片常用一幅（有时也用两幅以上）。它不需要单独的照片标题，只需简要的文字说明，不必写出具体的新闻内容。因为配合文字稿的照片在整则报道中仅起配角作用，处于从属地位，具体的新闻内容由文字稿阐述。

照片配合文字稿的报道，其效果总是要胜于单纯的文字报道或单纯的图片报道，其主要原因并不是因为照片美化了版面，而是这种报道形式把文字和照片的长处集于一体。照片提取新闻事实瞬间精华的感染力、吸引力是文字所达不到的；文字能详尽描述新闻事实的能力又是照片所做不到的。对于这种集两者优势于一身的报道形式，值得重视和研究的是怎样使两者配合得当，融为一体。

2. 独立报道新闻。采用单幅新闻照片独立报道新闻，具有简明扼要、一目了然的特点，犹如文字新闻中的短消息，较受读者欢迎。单幅照片独立报道新闻的文字说明应注意"新闻五要素"（即"何时、何事、何地、是谁、为什么"），注意具体、准确、简要。此外，一般应加标题，标题的写法要突出新闻内容的要点，忌抽象。

（二）成组图片的报道体裁

1. 专题性成组图片报道。专题性成组图片报道是围绕同一新闻对象，用两幅以上的图片反映其不同的侧面。拍摄专题性成组图片时要注意画面有景别的变化，可使照片在版面上增添生动之感。专题性成组图片报道的文字说明要求有标题、总说明和分说明，标题是整组图片所反映的新闻事实或主题思想的提炼；总说明用于交代新闻内容、背景或其意义等；分说明（即每幅照片的说明）是起该画面简要的注释作用。三者之间既要互相联系、照应，又忌彼此重复。

2. 综合性成组图片报道。综合性成组图片报道是围绕一个新闻主题，用若干不同的新闻对象来表现，也就是每幅照片都反映一个独立的新闻内容，都是由一个相同的中心思想来统一贯穿。这个中心思想或新闻主题常常表现在标题上。综合性成组图片报道一般不用总说明，但每幅照片的文字说明，要求类似独立报道的单幅图片的文字说明。这种综合性成组图片报道在配合形势、政策、重大事件的宣传报道上能给人较深刻的印象。

3. 对比性成组图片报道。新闻照片具有纪实性和文献性的特点，有些资料照片经过若干年后，重新就该照片内容进行追踪对比摄影报道，往往具有较强的报道力量。除了这种"过去与现在"的纵向对比外，也可采用横向对比的成组图片报道，如"好与差"的对比、

"喜与忧"的对比，等等。对比性成组图片报道一般也应使用标题，其标题可以较为"文艺化"，当然也可用"新闻化"标题。文字说明写法也较自由。

三、新闻摄影的采访与拍摄

新闻摄影的采访是为了获悉、了解和确定值得用图片报道的新闻对象。它的工作方法有拍摄前采访与拍摄后采访之分。

拍摄前采访是我国新闻摄影前采访的主要方法，这是由我国新闻工作的性质决定的。因为我们的新闻报道是有指导地进行的。随着形势的发展，要求新闻报道在不同时期、不同形势下有不同的报道重点，多报道什么、少报道什么、不报道什么都有一定的指导。新闻摄影是新闻工作的一部分，理所当然也要受此规律的约束。这就要求新闻摄影者在拍摄前进行采访，去获悉、了解并确定拍摄对象。

报社有关编辑有时会直接向新闻摄影者交代具体的拍摄对象，报社的文字记者有时也会约请新闻摄影者去拍摄某些内容。这些对新闻摄影者来说是容易的，因为在这种情况下，大部分的采访工作是由编辑或文字记者完成的。

对新闻摄影者来说，采访能力表现在摄影者根据政府的方针、政策、当前形势以及新闻单位的报道提示，主动地去采访，主动地去寻找值得拍摄的新闻线索。这就要求新闻摄影者具有新闻敏感。新闻敏感的培养一是取决于摄影者具备的新闻理论知识；二是取决于摄影者对政府的方针、政策的理解；三是取决于摄影者对实际情况的了解；三者是一个有机的整体。

新闻线索来源于编辑部的报道提示、或来源于各行各业的简报、或来源于领导讲话、或来源于广大读者的提供等，无论何种来源的新闻线索，一旦被确定为摄影报道对象，就应把它的新闻五要素了解清楚，这对如何拍摄以及写好图片的文字说明都是重要的。

在采访、确定新闻摄影的拍摄对象时，应力求其不但具有新闻价值，而且还具有形象价值。新闻价值表现在时新性、重要性、显著性、趣味性与接近性上。时新性即新近发生又是广大读者所不知道的；重要性即在政治、经济、文化上与广大读者切身利益密切相关的；显著性即名人、胜地、要事的动态；趣味性即奇闻趣事、富有人情味和生活情趣；接近性即地理上、心理上与读者的接近。形象价值一是表现在该新闻对象具有采用摄影手段表现的生动性；二是表现在读者对该新闻对象有视觉目睹的欲望，也就是新闻对象的瞬间形象具有可视性。

拍摄后采访，即到新闻现场先拍了再说的工作方法在新闻摄影中也比较常有。这是因为机缘对新闻摄影者来说是一个重要的因素，对于一些突发性事件，摄影者如果不在现场往往会错过值得拍摄的画面。时过境迁对文字记者仍可写出生动的报道，对摄影记者则无法追回补拍当时的情景。因而，当遇上突发性事件时，首要的不是采访而是拍摄，先拍了再说，从各个角度、用各种景别反复拍摄。然后再对该事件进行采访，了解其原因、后果、弄清新闻"五要素"，最后再决定是否值得报道，该从什么角度去报道。

在新闻摄影采访中往往会遇到这样的情况：当你了解到某一新闻线索，赶到现场却已时过境迁或尚未发生。这时，有的摄影者就采取导演摆布的手法，再现或预演新闻事件，这对新闻摄影来说是绝对不允许的，它违反了新闻必须真实的原则。新闻摄影的拍摄必须是"新闻正在发生着"的进程中进行抓取。对于那些非动态性的新闻对象，在其自然进程中拍摄时，对有碍画面效果的细节做一些调整则与导演摆布的"再现"和"预演"有本质的区别，一般来说是可以被接受的。

当你赶到现场，新闻事件已完结时，对新闻摄影者也并非无所作为了，你可以拍摄与该新闻有关联的发展情况或前因后果，不要忘了新闻摄影报道是图片和文字说明的有机结合，你可以充分发挥文字说明的功能来体现你的报道意图。

四、新闻照片的评价

新闻照片的主要功能是形象化地报道新闻。从这一基本观点出发，评价新闻照片的标准应该是新闻价值大小、形象价值大小、是否现场纪实以及文字说明的好或差这样4个方面。

1. 新闻价值大小。新闻照片应该凭什么取胜、凭什么去吸引读者呢？主要应该是凭新闻价值。由于新闻内容的多样性与广泛性，对新闻照片新闻价值的评价又宜分类进行。例如一年一度的荷兰"世界新闻摄影比赛"把新闻照片分为：突发性新闻、新闻特定、新闻人物、日常生活、快乐事件、艺术与科学、体育与自然等类别进行评比。我国对新闻照片的分类评比往往是：政治、农村、工交财贸、文化、科研、卫生、军事、体育、精神文明、新闻人物、日常生活、批评性新闻照片和自然界，等等。

一幅新闻照片，如果新闻价值很小或没有新闻价值，那么，不管它的构图多么完美、形象多么生动、影像质量多么高超，也不能称为优秀的新闻照片。

2. 形象价值大小。新闻的形象价值是指新闻内容形象的可视性和瞬间性的价值。无疑，任何新闻照片都具有可视性和瞬间性，但是，其可视程度有强有弱，瞬间有好有差。

如何评价新闻照片可视性的强弱呢？主要应依据新闻事实中涉及的读者想看的形象。一幅新闻照片反映了广大读者对该新闻中强烈地想看的形象，那么，这幅照片的可视性就强；反之，它的可视性就弱。

如何评价新闻照片瞬间性的好与差呢？照片反映的总是某一瞬间形象。任何一则新闻都有发生、发展直至完结的过程，即存在无数变化着的瞬间形象。那些表现力、吸引力、感染力越强的瞬间形象就是"瞬间性好"；反之，则是"瞬间性差"。

简而言之，新闻照片的形象价值中，可视性解决想不想看的问题；瞬间性解决耐不耐看的问题。想看、耐看的新闻照片，其形象价值就大；反之，其形象价值就小。

一幅新闻照片，如果其新闻内容的价值很大，但缺乏形象价值的话，也不能称为优秀的新闻照片。

3. 是否现场纪实。新闻照片的现场纪实是指选择拍摄正在发生着的新闻对象的瞬间形象,即新闻照片中的人、事、时间、地点、场景都是客观实际的反映,而不是违背客观存在,按拍摄者的主观意图,为使画面"理想化",而对新闻照片中的人、事、物、时间、地点、场景等作这样或那样的变动后再拍摄。这种主观变动会因情况不同而在不同程度上损害乃至失去新闻照片的真实性,会导致新闻照片出现部分虚假现象,甚至变为假新闻照片。这样,不仅从根本上动摇今天的读者对新闻照片的信任感,而且也是在不同程度上欺骗了后人。因为随着时间推移,新闻照片在其新闻价值消失的同时,历史价值便随之产生。人们常说新闻照片具有见证性、文献性,就是鉴于它是客观实际的纪实。

无论从现实的角度还是从历史的角度,都要求新闻照片必须是纪实的。违反了纪实性原则的新闻照片,不论其有多大的"新闻价值"和"形象价值",也不能称为优秀的新闻照片。

4. 文字说明的好或差。评价新闻照片时,应同时重视对照片的文字说明(包括标题)的评价。

如果说一幅艺术照片离开了标题仍能起到它的主要功能——给人以美的享受、善的教益的话;那么,新闻照片离开了文字说明,就会丧失它的主要功能——报道新闻。不难理解,离开了文字说明的新闻照片是报道不了新闻的。文字说明对新闻照片的重要性还表现在对于同一画面的照片,从不同角度附以不同的文字说明,能给读者不同的新闻信息,甚至可贬机褒。新闻照片的文字说明一要准确无误,二要恰到好处。所谓恰到好处,就是使文字说明(包括标题)与画面的配合相辅相成,相得益彰。

第七节 拍摄技巧操作训练

一、训练目的

1. 掌握追随拍摄技巧。
2. 理解天体拍摄的时机并能正确曝光。
3. 重点掌握拍摄完整的旅游摄影应该注意什么。
4. 理解舞台摄影、体育摄影、新闻摄影的特点。

二、器材

SONY 系列数码照相机、佳能系列数码照相机。

三、训练内容

(一) 追随拍摄技巧

1. 选择好要追随拍摄的对象,如自行车、汽车、运动场上跑步的人,由于追随拍摄的背景宜选择明暗掺杂或色彩缤纷的非单一色调的背景，如花草树木等，因此也要先选择好要拍摄的背景。

2．选择快门速度和拍摄角度。快门速度宜采用1/30秒或1/60秒，并选择拍摄方向与运动方向成75°～90°为宜。

3．持稳相机（通常是两腿分开并略前后叉开站稳，右手食指轻轻放在快门按钮上）、平稳追随（使动体在被追随过程中相对稳定于取景屏的中心），在转动中按下快门（就是边转动边按下快门、在按下快门时不能停止追随）。

（二）日落时太阳的拍摄

1．准备好器材。由于太阳在底片上成像的大小约是镜头焦距的1/100因此采用镜头焦距200mm左右的镜头拍摄日出或日落较为合适。

拍摄日出或日落的彩色胶卷宜使用日光型胶卷，由于日出与日落时的色温大大低于标准日光色温，使用日光型片会使画面偏红，这正可渲染日出与日落时的特定气氛。

2．曝光。日出与日落时的光线变化很大且很迅速，一分钟前后的曝光就会大不一样，尤其是日出。因此，采用±1档的梯级曝光法较好。确定基准曝光量的测光要注意不能对着太阳，而应测量不含太阳的天空。

3．取景。日出与日落照片的取景是根据拍摄所要表现意图和现场条件而定。低角度拍摄可使画面充满灿烂的云霞而令人感叹，以微波荡漾的水面为前景的日出与日落画面能使人心旷神怡，以观看日出的人物剪影为前景又能给人身临其境之感。

（三）野外拍摄

1．野外拍摄的一般要求

（1）了解所去之处的主要景点有哪些是很有必要拍摄的。

（2）途中会碰到一些预想不到的景观，因此，照相机应放在身边，随时准备拍摄。

2．拍摄时注意事项

（1）多景点的拍摄。一到景区，进入我们视线的景区入口一般是值得拍摄纪念的，景区内又有很多名胜古迹、地方特色等都是拍摄对象。除此之外，当地的风土人情、民俗民风也是拍摄对象。

（2）多角度的拍摄。拍摄旅游照片不要拍成千篇一律的"面对镜头，脸带三分笑"，这样会造成呆板的感觉。除了拍摄景点之外，在娱乐、在参观、在谈笑、在行走、在等待、在进餐、在休息也都是拍摄对象。拍摄时不仅从正面拍，也需要从侧面拍、顺光拍、逆光拍，才能产生生动的画面。

（3）人景交融的拍摄。拍摄旅游照片时要恰当地处理好人与景物的关系，力求人景交融。既要避免人离相机太近，占画面太多，又忌人离相机太远而使人像太小看不清楚。大景深对旅游纪念照片往往是必须的，尤其应防止把主要景物拍虚，但非主要景物拍虚则是可选之举。

【思考题】

1. 摄影构图的含义是什么？
2. 追随拍摄的快门速度如何选择？
3. 日出与日落的拍摄技巧有哪些？
4. 拍摄旅游照片前应做什么准备工作？
5. 如何拍出一套完整的旅游纪念照片？
6. 旅游风光拍摄应掌握什么方法？
7. 舞台灯光有什么特点？
8. 舞台摄影的理想拍摄位置有哪些？
9. 快门速度与动体的影像效果的关系是怎样的？
10. 各种体育项目的特点是什么？
11. 新闻摄影的定义是什么？
12. 新闻摄影有几种报道体裁？
13. 如何进行新闻摄影的采访与拍摄？
14. 评价新闻照片的一般标准是什么？

第三章 扫描仪

扫描仪是将各种形式的图像信息输入计算机的重要工具。扫描仪通常用于计算机图像的输入，而图像这种信息形式是一种信息量最大的形式。从最直接的图片、照片、胶片到各类图纸图形以及各类文稿资料，都可以用扫描仪输入到计算机中，进而实现对这些图像形式的信息的处理、管理、使用、存储、输出等。目前扫描仪已广泛应用于各类图形图像处理、出版、印刷、广告制作、办公自动化、多媒体、图文数据库、图文通讯、工程图纸输入等许多领域，极大地促进了这些领域的技术进步。

第一节 扫描仪的主要技术指标和软硬件安装

一、扫描仪的主要技术指标

1. 光学分辨率。表示扫描仪对图像细节的表达能力。光学分辨率用点数每英寸 DPI（Dot Per Inch）表示。被扫描图像单位长度上像素点的 DPI 越多，对原图像细节的表达能力就越强。光学分辨率又分为水平分辨率和垂直分辨率两种方式。水平分辨率由光源系统 CCD 的真实分辨率及相应的硬件电路设计决定，垂直分辨率由扫描仪传动机构的精密程度决定。水平分辨率较垂直分辨率显得更为重要。常见扫描仪水平分辨率有 300DPI、600DPI 甚至 1 000DPI 以上。

最大分辨率又称插值分辨率，是利用软件技术在硬件产生的像点之间插入另外的像点，由此获得的较高的分辨率。软件插值技术在一定程度上使扫描图像质量得到提高。

2. 灰度级。表示扫描图像由暗到亮的层次范围，灰度级位数越多的扫描仪扫描的图像层次就越丰富，效果就越好。常见扫描仪灰度级为 256 级（8 位）、1 024 级（10 位）和 4 096 级（12 位）。

3. 色彩（深度）。表示彩色扫描仪所能产生的颜色范围。通常用表示每个像素上颜色的数据位数（bit）表示。比如，24 位真彩色图像是指每个像素点的颜色用 24 位二进制数表示，红、绿、蓝（RGB）三色 8 位共 $256 \times 256 \times 256 = 16.8M$ 种颜色，通常称这种扫描仪为 24 位真彩色扫描仪。色彩数越多，越能真实反映原扫描图像色彩。常见扫描仪色彩数为 24 位、30 位和 36 位。

4. 接口。常见接口为 SCSI、EPP 及 USB 接口扫描仪。采用 EPP 接口（接计算机并口）

的扫描仪虽然略慢于 SCSI 接口的扫描仪，但其安装非常方便，只需通过一根电缆，即可连接扫描仪、打印机和计算机，便于笔记本电脑的联机。

此外，还有扫描速度和扫描幅面。扫描速度有多种表示方法，通常用得指定的分辨率和图像尺寸下的扫描时间表示。扫描幅面表示可扫描图稿的最大尺寸，常见的有 A4、A3、A0 幅面等。

二、扫描仪透扫适配器（TMA）

对于大多数扫描仪来说，如果要扫描底片、胶片或幻灯片等透明稿件，就需要选购透扫适配器。每种品牌的扫描仪厂商都提供了相应的透扫适配器选件，而一些中高档的扫描仪则将透扫适配器与扫描仪做成一体，这样既提高了扫描精度又使操作得到简化。

不过，对于一般的个人及商业应用，TMA 并不十分必要。因为一张底片可以很方便地被洗成相片然后再进行扫描。而由于底片或幻灯片尺寸较小，若直接进行扫描，则需放大很多倍才能达到足够输出要求的尺寸，这必然要求扫描时的分辨率相当高。而且在放大后，原稿上的一些小缺陷会暴露得非常明显。

三、扫描仪随机软件

每一款扫描仪都会随机赠送一些应用软件，如 Photo Look、IPhoto、Photoshop、Photo Impact 等图像编辑软件，"清华文通"、"尚书办公专家"等 OCR 文字识别软件。在使用扫描仪时它们都会起到很大的作用，因此，在选购扫描仪时应对其有足够的认识。

由于文档在扫描进电脑之后其格式为图像格式，对其中的文字并不能够进行直接编辑，而 OCR 软件却能够通过对其中的文字进行识别并将其转换为文本格式，从而达到可编辑的目的。在选择 OCR 软件时，应该注意考虑它是否能够识别各种印刷体文字、中英文混排以及表格等因素。

第二节 扫描仪的使用

下面以 Color Page－Vivid Pro USB 扫描仪为例介绍扫描仪使用方法。

一、扫描仪的安装

（一）硬件安装

Color Page－Vivid Pro USB 扫描仪备有以下供安装的备件。

（1）电源转接接头。
（2）扫描仪。
（3）扫描仪连接线。
（4）光盘软件。
1．安装扫描仪系统的要求。
（1）Pentium486 或更高的 CPU。
（2）具有 16MB 以上的内存。
（3）至少具有 80MB 的硬盘空间，以供软件安装并有一定的工作空间。
（4）具有一个 USB 接口。
（5）可访问的光驱。
（6）Windows 98、Windows 2000 等系统环境。
2．连接扫描仪。
先将主机、显示器和其他外围设备关掉，再按下列步骤操作。
（1）将电源转接头插入扫描仪的电源接头。
（2）将 USB 电缆（方形端）插入扫描仪接口。
（3）将 USB 电缆（扁平端）插入计算机的 USB 接口。
（4）将电源插头插入电源插座中。
当以上都连接完毕后，启动计算机，并开始安装软件。
（二）软件安装
扫描仪的软件都存放在光盘之中，里面包含了安装精灵，可轻松地安装程序。在开始之前，先关掉任何开启的应用程序，然后在 Windows 98 或 Windows 2000 系统环境下执行下列操作。
1．将光盘片插入光驱中。
2．安装精灵将会自动执行，并提供一些选项供选择。请选择想要安装的选项，并依照指示进行安装。
3．安装精灵的最后一个屏幕将要求重新启动 Windows。当重新启动之后，就可以开始扫描了。
如果因为某些原因，安装精灵无法自动执行，可以进行"开始"菜单中的"运行"指令来执行光盘片中的 Setup.exe 文件。

二、扫描仪的基本操作

（一）使用 TWAIN
如果要通过图像编辑器、OCR 或可接受扫描资料的程序来扫描，则足以使用 TWAIN 这个标准驱动程序来达到目的。任何支持 TWAIN 的程序都可以访问扫描仪，并充分利用它的功能。这类程序包括了 CorelDraw、Iphoto Plus、Painter、Photo Deluxe、Photo Impact、Photoshop、Photo Suite、Presto！Page Manager、Text Bridge，等等。

（二）扫描步骤

在扫描驱动界面中，可以设置扫描仪、执行扫描任务及提高功能。设置扫描仪包括设置图像尺寸、改变扫描模式及分辨率等。

其中主要包括以下几个步骤。

1. 预扫描图像。
2. 设置要扫描图像的尺寸。
3. 选择适当的扫描模式。
4. 选择适当的分辨率。
5. 上述工作做完后再正式扫描。

（三）预扫描（Prescan）

利用预扫描可以快速且以低分辨率方式扫描整个图像的原稿。利用这个原稿可以在正式扫描时方便地选择要扫描的图像区域。具体步骤如下。

1. 将要扫描的原稿面朝扫描仪玻璃窗放置。
2. 在驱动界面中单击预扫描（Prescan）按钮，经过预扫后的图像出现在预视窗口中。通过预扫描，可以精确地选择最终要扫描图像的区域。

（四）设置图像尺寸大小

在预视窗口中用裁剪工具框来选择要扫描图像的区域。用鼠标单击裁剪工具框的边或角，并向外或内拖拉为预定的长和宽。要想移动整个裁剪框，可将鼠标放入框内，同时按住鼠标左键拖拉即可。裁剪框内的区域就是正式扫描所得到最终图像。在扫描界面对话框底部的图像大小信息会随裁剪框大小的改变而自动修改。

（五）利用缩放工具（Zoom）

缩放工具可以双倍地改变图像缩放比例。在放大状态时，可以拖拉裁剪框来浏览要扫描图像的精确区域。

（六）设置扫描模式（Scan Mode）

通过设置扫描模式，可以决定扫描仪扫描图像的色彩。

1. 选择彩色（Color），产生的图像是 24 位（1680 万种彩色）。
2. 选择灰度（Gray），产生的图像是 256 级灰度。
3. 选择半色调（Halftone），产生伪灰度的图像。
4. 选择线条（Line Art），主要用于扫描黑白图像或文本。

（七）设置扫描分辨率（Resolution）

图像分辨率代表图像中存储的信息数，以每英寸的像素点数衡量。分辨率（Resolution）的设定在驱动界面内的滚动条内设定，单击滚动条一边的箭头，直到出现满意的分辨率，或者在分辨率框内直接输入数字即可。

（八）执行扫描

当单击动扫描（Scan）按钮时，在扫描驱动程序的底部出现图像传输过程，扫描后的图像出现在扫描驱动程序后面的应用软件的主屏幕内。这样便于多次扫描图像而不必每次启动扫描驱动程序。

三、扫描仪的设置

现将 TWAIN 窗口各区域的功能、使用介绍如下。

（一）预览窗口

当单击了"预览"按钮之后，预览窗口将会显示扫描结果。这个窗口可选取想要扫描的区域。只要在这个区域上拖动鼠标，就可以建立一个包含扫描区域的裁剪框。可以拖动这个框的控点控制它的大小，或在其内按住鼠标并拖动即可调整它的位置。窗口的左上角有一个标尺类型按钮，单击一下这个按钮可选择英寸、公分或像素作为标尺的单位。

（二）信息条

信息条显示了预期的扫描资料大小、目前的单位和硬盘的可用空间数量。如果改变了扫描区域大小、扫描模式和分辨率，预期大小则会变化。如果图像大小超过了可用空间的数量，则无法完成扫描程序。这时候可以以下方法处理：降低扫描模式、分辨率、扫描区域或清理硬盘。

（三）扫描模式

扫描模式决定了从原图像中收集到的颜色信息数量。可以根据原图像的内容（彩色或黑白），以及扫描结果的用途（如彩色显示、黑白打印、OCR 等）来选择适当选项。所做的选择也会影响文件的大小：真彩的文件最大，灰度次之，黑白最小。三者文件大小的关系为：真彩图像是灰度图像的三倍，是黑白图像的 24 倍。

1. 真彩。这个扫描模式可以从原图像中收集到最多的色彩信息，最多可达 1 670 万种颜色，如果原图像是彩色的，并且希望以彩色来显示、打印或编辑，应选这个选项。

2. 灰度。如果相片是黑白的，或扫描的是彩色图片，可是想要使用黑白打印机来打印，应使用这个模式。

3. 黑白。如果扫描的是文本，或是没有彩色或灰度的黑线条型图片，应选择这个模式。

（四）分辨率

分辨率决定了从原图像中所收集的信息的精细程度，分辨率越高越精细。建议采用较低分辨率，因为分辨率会影响扫描速度与文件大小。当采用真彩或灰度模式时，使用 100～200DPI。这样的低分辨率也已超出大多数打印机和显示器所能显现的能力。扫描时，应注意信息条中的文件大小（分辨率加倍，文件大小也随之增大）。除非有特殊理由，一般不使用高分辨率，因为使用高分辨率产生的文件将会非常大并占用很大的硬盘空间。根据不同的要求，尝试如下分辨率，见表 3-1。

表 3-1 分辨率的选用

意　图	分辨率
发送邮件	96～150DPI
OCR（光学字符识别）	300 DPI
打印	300 DPI
文件归档	300 DPI
发送传真	200 DPI

（五）自动剪裁

如果要扫描两个或多个相互独立的图像，自动剪裁功能可以对每一个图像进行查找和剪裁，并把它们当作相互独立的图像文件来处理。自动剪裁功能在默认状态下是无效的。如果想在扫描时使用此功能，只需要简单地在设置栏中进行选择，使自动剪裁生效即可。

（六）消除像素干扰模式

当此功能生效时，所扫描的图像会由消除像素干扰滤器来进行处理。该过滤器可消除像素间的相互干扰，从而使图像的外观效果更流畅。当要扫描印刷品或要对书籍、手册或杂志中的照片这类图片进行复制时，推荐使用此功能。消除像素干扰功能在默认状态下是无效的。如果想在扫描时应用此功能，只需简单地在设置栏中进行选择，使消除像素干扰模式生效即可。

（七）尺寸与方向

若要调整预览窗口中的扫描尺寸与方向，在尺寸大小框内输入宽度和高度，或从列表框中选取一个固定大小和方向选项，则会切换宽度和高度数值。使用拖动方式来移动扫描区域更方便。

（八）亮度、对比度和 Gamma

可在预览后调整图像设置。例如，若相片过度曝光（太亮），可以通过减少亮度或颜色校正来将相片调暗。对比度是暗区域和亮区域的差异程度。增加对比度会加大差异程度，减小对比度会减小差异程度。Gamma 选项可调整颜色，若要增加颜色的强度，可以增加 Gamma 值。一开始应尝试较小的值，并查看效果。取得最佳结果的唯一途径是不断实验。不过，对于大多数的相片和文件，并不需要调整这些数值。

当预览扫描结束之后，这些设置的值将会反映到预览窗口中。可通过这种方式来改变设置，并不需要真的去扫描，即可检查设置的结果。

1. 扫描夜晚的相片。如果相片特别暗（正常曝光的相片），可以试着稍微增加 Gamma 值（可试着增加到 1.4）。这样可以增加阴影区的细节，并且不会影响图像的整体色调范围。

2. 扫描雪景相片。对于明亮阳光下的滑雪，可减少到 0.8，这样可以显示出明亮区域的细节，并且不会影响图像的整体色调范围。

如果在以上这两种情况中调整亮度或对比度，将会减少从原图像内收集到的信息。而 Gamma 值收集到的是有关暗区域或亮区域的较多信息，可是针对相反类型的区域，收集到的信息较少。

3．扫描文本以供 OCR 处理。如果 OCR 结果并不如一般的扫描结果好，这可能是因为原本的图像就不清楚。这时候请调整它的亮度。对于较粗的文字而言，可以试试－10，对于较细的文字而言，则试试＋10。通过这个方式，可以加粗文字的对比度，或减少较细文字的对比度。

（九）36 位彩色模式

扫描仪可按 36 位彩色模式对图像进行扫描。这样就加大了颜色和色调的可变化范围，从而使所扫描的图像具有更为流畅、多彩的外观效果。36 位彩色模式在默认状态下是无效的，因为当前只有少数应用程序诸如 Adobe PhotoShop 能接受 36 位的图像数据。在此模式无效状态下，可按 24 位真彩色模式扫描图像。如果想按 36 位彩色模式扫描图像，只需简单地在颜色选择菜单中进行选择，使 36 位彩色模式生效即可。

四、扫描仪的维护与故障排除

（一）清洁扫描仪

要使扫描仪保持较佳运行状态，需要定期对其进行清洁。

1．拔下电源线。

2．用一块用中性清洁剂和水浸湿的布清洁扫描仪外壳。

3．如果文稿台的玻璃面脏了，可用柔软的干布将其擦干净。如果玻璃面上粘有油或其他不易除去的物质，可用少量玻璃清洁剂和软布将其擦去。并将残留的液体擦干净确保文稿台的玻璃上没有尘土。因为尘土会使扫描图像出现白色斑点。

（二）保护扫描仪

1．切勿用力压文稿台玻璃面。

2．小心刮伤或损坏文稿台的玻璃，也不要用硬的或具有磨蚀性的刷子进行清洁，损坏的玻璃表面会降低扫描质量。

3．决不可用酒精、稀释剂或腐蚀性溶剂清洁扫描仪，这些化学药品可能会损坏扫描仪部件和外壳。

4．不要将液体溅到扫描仪的机械部件或电子元件上，否则将永久性地损坏机械部件和电路。

5．不要向扫描仪内喷洒润滑剂。切勿打开扫描仪外壳。

（三）更换荧光灯

荧光灯亮度会，并随着时间而减弱。如果荧光灯损坏或变得太暗淡而无法正常操作时，扫描仪就会停止工作，并且就绪指示灯和错误指示灯快速地闪烁。发生这种情况时，必须更换整套荧光灯。

（四）故障排除

1．扫描仪停止扫描。

检查运输锁控制杆是否打开，并检查所有已安装的选件是否有问题。接着，关闭扫描仪然后再打开。

2．扫描仪操作问题。

使用扫描仪时遇到的问题常常涉及软件和计算机的运行。运行问题的发生通常由于下列原因：接口的错误设置；计算机或软件的错误设置；软件的错误操作。

（1）指示灯不亮。确保扫描仪上连有交流电源适配器并且电源线已插入电源插座中。

（2）扫描仪不扫描。尝试将扫描仪直接连接到计算机的 USB 端口上，或使用 USB 电缆。如果在全速模式中使用 USB 接口且通过多个集线器连接扫描仪，系统可能会无法正常工作。在这种情况下，尝试将扫描仪直接连接到计算机的 USB 端口上即可。

（3）按下按键后扫描仪不扫描。检查是否安装有应用程序，然后单击扫描仪属性对话框中的菜单，并且确认没有选中"不采取任何操作"。同样，确保在列表框中选择需要的按钮，并选择启动此程序。

（4）无法扫描多张图像。检查每张照片是否与其相邻照片至少远离 20mm 放置，并确保应用程序可以用来扫描多张图像。

（5）扫描仪软件不能正常运行。检查计算机符合所使用软件指定的内存和其他系统要求，确保计算机有运行软件所需的足够内存。若扫描仪图标是否出现多次，则重新安装软件。

3．质量问题。

（1）文稿边缘未扫描到。由于距离水平标尺和垂直标尺最大 5mm 的区域是扫描不到的区域，所以需将文稿远离文稿台边缘放置以避免扫描图像不全。

（2）无法扫描图像或仅得到所扫描图像的一些墨点。可在家庭模式或专业模式中，选择黑白并更改阀值设置。

（3）图像与原始图像看起来不一样。软件中可能没有足够的色彩匹配和色彩管理功能，或者可能是这些组件没有安装正确。

（4）扫描图像总丢失一行墨点。如果屏幕图像和打印输出上都有一行丢失，则表明扫描仪传感器失灵。

（5）图像中直线呈锯齿状。确保文稿在文稿台上方向完全一致。用文稿台顶部和侧部的标尺校准水平线和垂直线。

（6）整个图像变形或模糊。可能在扫描过程中无意间移动文稿或扫描仪没有放在一个平稳的表面上。

（7）部分图像变形或模糊。确保文稿均匀地平放在文稿台上。褶皱或卷曲的文稿扫描效果可能不好。

（8）图像边缘色彩不均或扭曲。文稿很厚或边缘卷曲会造成变色。用纸盖住文稿的边缘以挡住外面的光。

（9）像模糊或散焦。在专业模式中使用 自动曝光按钮来调整软件的曝光设置或使用柱状图调整对话框来调整软件的 Gamma 设置。

（10）图像太暗。在家庭模式中使用图像调整工具，或在专业模式中使用柱状图调整对话框和图像调整对话框来检查软件的亮度设置。

（11）图像暗、不清楚或无细节。在配置对话框中更改适合输出设备（如显示器或打印机）扫描图像的 Gamma 设置。在家庭模式中，选择屏幕/网站作为目标文件。选择打印机可能导致屏幕色彩与原始图像的色彩不同，不过打印时，色彩会正确再现。

（12）扫描出的图像太大。在家庭模式或专业模式主窗口中更改目标文件设置的目标尺寸设置。

（13）波纹（交叉影线）图案出现在扫描图像中。波纹是当扫描印刷材料时出现在扫描图像上的一种交叉口图案。它是因扫描角度与半色调屏幕之间的间距差异而产生干扰所带来的后果。

在家庭模式或专业模式主窗口中检查去纹网滤镜复选框。在专业模式中，将去纹网滤镜设置的屏幕控制设置成适合文稿的相应设置。

（14）进行 OCR 扫描时字符识别度差。尝试调整阀值。

（15）打印出的图像比原始图像大或小。图像大小和软件分辨率设置决定打印图像的大小。不要用显示器上图像的大小来判断打印出的图像大小。

（16）无法打印扫描出的图像或打印时出现乱码。检查打印机软件的安装和设置是否正确，确保打印机与计算机的连接正确，打印机安装正确且维护正确。

（17）显示器上的色彩与原始图像中的色彩不同。检查扫描仪软件的图像设置，特别是数据格式（位、像素、色彩）、Gamma 校正和色彩校正。试用这些设置的不同组合。

检查计算机、显示器适配器和软件的色彩匹配和色彩管理能力。有些计算机可改变调色板以调整屏幕上的色彩。

（18）色彩与最初时的不同。在配置对话框中更改适合输出设备（如显示器或打印机）扫描图像的 Gamma 设置，更改图像类型设置。

第三节　扫描仪使用训练

一、训练目的

1. 了解扫描仪的结构。
2. 掌握扫描仪的使用。
3. 掌握对扫描后的图片进行处理。

二、器材

EPSON Scan Perfection 1670 Photo 扫描仪。

三、训练内容

（一）扫描仪部件和技术规格

1. 图 3-1 与图 3-2 为扫描仪的结构示意图。

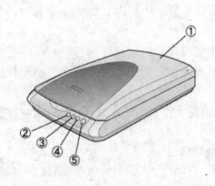
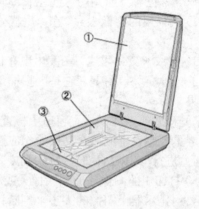

图 3-1　扫描仪结构

1—文稿盖；2—扫描至网络按键；
3—扫描至邮件按键；
4—照片打印按键；5—启动按键

图 3-2　扫描仪结构

1—反射文稿垫；2—文稿台；
3—扫描头（处于初始位置）

2. 指示灯的状态所表示的含义，见表 3-2。

表 3-2　指示灯的状态所表求援含义

指示灯	颜色	指示灯状态	含义
指示灯	绿色	亮	准备扫描图像
		闪烁	初始化或正在扫描
	红色	闪烁	出现错误
	无	灭	扫描仪关闭

3．按键的功能（确保已经安装了 EPSON Scan 和 EPSON Smart Panel 软件），见表 3-3。

表 3-3 按键功能

按 键	功 能
启动	按下后执行扫描并将扫描的图像发送到一个指定的应用程序
照片打印	扫描并将扫描的图像发送到 EPSON Smart Panel 中的照片打印应用工具
扫描至邮件	扫描并发送邮件信息和随附的扫描图像
扫描至网络	扫描一张图像并将它上载到 EPSON 照片共享站点

（二）启动 EPSON Scan 软件

可以有三种方式启动 EPSON Scan。根据扫描目的不同，可灵活地使用启动方法。

1．当使用 TWAIN-compliant 应用程序时。如果想进一步编辑已扫描图像，可从 TWAIN-compliant 应用程序启动 EPSON Scan。已扫描图像发送到该应用程序，然后就可以编辑已扫描图像了。

2．当使用 EPSON Scan 作为独立的应用程序时。如果只是想保存已扫描图像而不做任何编辑，可直接启动 EPSON Scan。扫描的图像自动保存到指定文件夹中的文件中。

3．当使用 EPSON Smart Panel 软件时。EPSON Smart Panel 允许扫描并将数据直接发送到指定的应用程序、EPSON 照片共享网站、或 PDA（个人数字助手）上。如果想快速而又轻松地获取数字形式的照片和文稿，可使用 EPSON Smart Panel 启动 EPSON Scan。

（三）选择扫描模式及分辨率

1．EPSON Scan 提供三种方式来更改任何扫描设置：全自动模式、家庭模式和专业模式。

（1）全自动模式。全自动模式使扫描更加简便，免于进行复杂的设置或调整。

（2）家庭模式。家庭模式能够对已扫描图像进行基本图像设置调整。

（3）专业模式。有许多可用的选项对扫描具有极大的控制权。在专业模式中，可以在扫描之前锐化、校正或增强图像。

2．指定适当的分辨率。当指定分辨率时，数据像素数就会增加，而且扫描图像的质地将会变得更加精美。提高分辨率会引起数据大小增加。因此，要根据扫描要求指定适当的分辨率。

（四）一次性扫描多张图像

可以一次性扫描一起放置在文稿台上作为独立图像的多张照片和文稿，多张或胶片和多张幻灯片。

1．以全自动扫描多张图像或用于打印的图像。

（1）将材料放置在文稿台上，且将每张照片与其相邻照片至少远离 20mm 放置。

（2）启动 EPSON Scan，选择和更改扫描模式，EPSON Scan 自动地预览图像，并识别文稿来源和类型,如图3-3所示。

(3) EPSON Scan 预览并识别文稿类型后,将显示如图3-4所示的对话框,EPSON Scan 自动确定目标图像的位置并校正它们的倾斜度,然后启动扫描。扫描图像发送到应用程序或保存到指定的文件夹。

 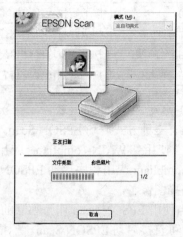

图3-3　识别文稿　　　　　　　　　图3-4　扫描中

(4) 若扫描要打印的图像,可单击[暂停],然后单击[选项],如图3-5所示。

图3-5　选择扫描打印图像

(5) 选择指定全自动模式的分辨率复选框,如图3-6所示。
(6) 从反射稿或胶片列表中选择300DPI,然后单击[确定]按钮,如图3-7所示。

图 3-6 打开选项对话框

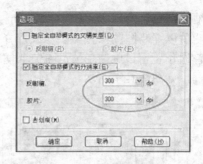
图 3-7 设置分辨率

（7）单击［扫描］按钮。EPSON Scan 开始扫描，扫描图像发送到应用程序或保存到指定的文件夹。

2．以家庭模式或专业模式扫描多张图像或用于打印的图像。

（1）将材料放置在文稿台上。启动 EPSON Scan，显示如图 3-8 所示的窗口。选择和更改扫描模式，进行图像类型和与图像相匹配的目标设置，如图 3-9 所示。

图 3-8 启动 EPSON Scan

图 3-9 扫描设置

（3）单击［预览］按钮，预览图像。可以选择一种预览模式：缩略图预览或普通预览。单击［预览］按钮上指向右边的小箭头，然后选择缩略图或普通预览模式，如图 3-10 所示。

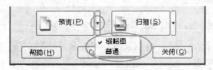
图 3-10 预览模式

在缩略图预览窗口中:EPSON Scan 自动查找扫描打印的图像胶片边框和多张照片的位置,然后以缩略图图像预览图像。选择想扫描图像的数字复选框,如图 3-11 所示。

在普通预览窗口中:在预览图像上使用选取框以选择想扫描的区域。最多可以创建 50 个选取框,如图 3-12 所示。

图 3-11　缩略图预览模式　　　　　　　图 3-12　普通预览模式

若已决定扫描图像的输出尺寸时,可从目标尺寸列表中选择相应的设置。在预览窗口中就会出现和目标尺寸设置量度成比例的选取框。可以将选取框移动到想扫描的区域中。

(4) 如有必要,使用图像质量调整工具进行调整,如图 3-13 所示。

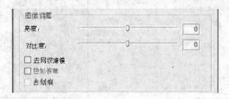

图 3-13　调整工具

(5) 单击 [扫描] 按钮。EPSON Scan 开始扫描,扫描图像发送到应用程序或保存到指定的文件夹。

(五) 扫描文稿

可以扫描文稿并将文稿转化成文本。转化的文本可以保存或传送给字处理程序。允许计算机"阅读"图形字体的技术称之为 OCR。OCR 需要对文本的图形表示进行解释,此图形表示通常来自扫描图像。

使用 OCR 的最简便的方法是使用 EPSON Smart Panel 软件中的编辑文本功能。

1．提高字符识别。使用阀值滑块更改阀值，在预览窗口中监视更改的效果。调整阀值可以使 OCR 更容易识别字符，当然，只有当图像类型设置为黑白时，阀值设置才可用，如图 3-14 所示。

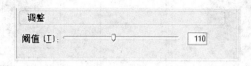

图 3-14　调整阀值

2．潜在的文本识别问题。原始文稿中文本的质量极大地影响 OCR 效果，且对于手写字符 OCR 软件不能识别。

下列类型的原始材料识别起来非常困难，应尽可能避免。

（1）重复复印的复印件。

（2）传真。

（3）字符间距或行间距很小的文本。

（4）表格中的文本或带下划线的文本。

（5）草体或斜体字体和 8 磅以下的字体。

（六）使用 EPSON Scan 工具并进行设置

1．预览图像。扫描图像之前，可以用预览窗口预览 EPSON Scan 设置的效果，并且可以对图像进行其他的调整。根据模式和文稿类型设置，在预览按钮右边的小箭头允许选择一种预览方式。单击箭头并选择［缩略图］或［普通］来更改预览模式，如图 3-15 所示。

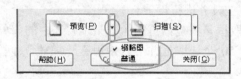

图 3-15　更换预览模式

（1）普通预览。普通预览方式允许查看整个预览图像和所设置的效果，并进行其他的图像调整。也可以使用选取框来选取要扫描的图像部分，如图 3-16 所示。

单击 缩放 预览按钮来缩小选中的图像区域。使用选取框选择想缩放图像部分并单击［缩放］按钮。在缩放菜单中显示选中的放大图像，可查看更多详细信息的设置效果。但若已决定扫描图像的输出尺寸时，可从目标尺寸列表中选择相应的设置。在预览窗口中就会显示和目标尺寸设置量度成比例的选取框。可以将选取框移动到想扫描的区域中。

（2）缩略图预览。缩略图预览方式允许在缩略图版面中预览多张图像。EPSON Scan 自动定位照片的边框，并对每一图像应用自动曝光功能。可以更改每幅缩略图像并对图像进行其他的调整，如图 3-17 所示。

图 3-16　普通预览模式设置

图 3-17　缩略图预览模式设置

要扫描以缩略图形式出现的图像，可在需要扫描图像下选中该复选框并单击扫描。要修改缩略图图像，可单击图像以选中它并选择适当的设置。选中的图像周围有一个蓝色边框。要一次性对所有缩略图图像进行相同的修改，可单击全部图像。

当双击缩略图图像时，图像被缩小并在充满菜单中显示放大的图像。当选择多张缩略图图像时，不能单击［充满］选项。

2．使用 EPSON Scan 工具并进行设置。

（1）使用选取框。选取框是围绕预览图像中某个要选中的部分所画的框。最多可以创建 50 个选取框并可以使用 缩放预览按钮来选择想要放大的区域。

要创建选取框，可在预览窗口的图像上移动指针。指针变成十字交叉状时，按住鼠标左键并将十字指针拖动到图像的某个区域上，然后松开鼠标左键就可创建选取框。

选取框周围的边框显示为动态虚线，表示它是激活的，也就是说可以调整其大小，如图 3-18 所示。最先单击的点是固定的，边框的其他点则可以调整和移动。

图 3-18　动态虚线

当鼠标指针处于选取框（已选中图像区域的边框）内时，指针变成手的形状。可以在预览窗口中单击选取框并将其拖动到任何位置。如果拖动时同时按下 Shift 键，则选取框只能在水平或垂直方向移动，如图 3-19 所示。

当鼠标指针处于选取框边缘时，它将变箭头形状，此时可以更改选取框的大小。如果拖动箭头同时按下 Shift 键，则选取框将成比例的变化大小，如图 3-20 所示。

图 3-19　移动选取框　　　　　　　图 3-20　更改选取框大小

要移除或删除选取框，可单击选取框并单击［删除选取框］按钮。

3. 使用 EPSON Scan 直接保存文件。当保存扫描图像而不是在应用程序中进行编辑时，可直接启动 EPSON Scan。扫描完图像之后，在文件保存设置对话框中扫描的图像自动地以文件格式保存到指定的文件夹中。

（1）打开文件保存设置对话框。单击开始，指向 EPSON Scan 并选择 EPSON Scan。如图 3-21。

（2）指定保存已扫描图像的路径。如果想更改默认路径，可单击［浏览］按钮并选择需要的文件夹。

（3）使用文字数字的字符串（前缀）和 3 位数字号码（起始数字）来指定一个文件名如果想更改文件名，可在前缀中键入一个文字数字字符串并选择起始数字。文件名是由前缀和指定的数字组成的。但要注意，对于 Windows 用户，下列字符不能用于前缀：\, /, :, ., *, ?, ", <, >, |。

图 3-21　保存文件

（4）选择一种文件格式。有关文件格式参见表3-4。根据选择的文件格式，单击［选项］按钮可以为保存扫描的图像进行详细设置。

表3-4 文件格式

格式（文件扩展名）	说　明
BITMAP　（*.BMP）	在Windows下使用的标准图像文件格式
JPEG　（*.JPG）	压缩的文件格式。压缩质量可以选择；JEPG格式能使用相关的高压缩比率。但是，压缩比率越高，图像质量变得越低（注意原始数据不能恢复）
TIFF　（*.TIF）	交换数据生成文件格式
多页TIFF　（*.TIF）	多页TIFF格式保存到相同的文件中，当使用自动文稿送纸器扫描文稿时，它们都存储在同一个文件中
PDF　（*.PDF）	文稿格式

（5）单击［确定］按钮EPSON Scan开始扫描，扫描的图像自动保存在指定的路径中。

（七）使用EPSON Smart Panel

单击EPSON Smart Panel应用程序或图标，EPSON Smart Panel窗口出现要访问一个应用程序，可在该窗口中单击它的应用程序图标。通过单击应用程序图标，可以使用该扫描仪进行扫描，然后将数据直接发送至该应用程序中，如图3-22所示。

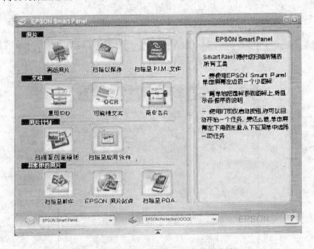

图3-22 打开EPSON Smart Panel

（1）再版照片。使用该应用程序进行扫描，然后打印图像可作为照片。该应用程序可以打印各种大小的照片，或在同一页内放置几张照片；也可以很容易地创造各种拼贴画或打印各种版本。当运行该应用程序时，显示如图3-23所示窗口。

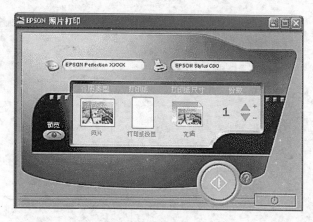

图 3-23 再版照片

（2）扫描以保存。使用该应用程序可以进行扫描、转化，然后将图像保存到指定的文件夹中。当运行该应用程序时，将从 EPSON Scan 扫描图像并显示在检验助手对话框中。单击［下一步］按钮显示如图 3-24 所示的对话框。

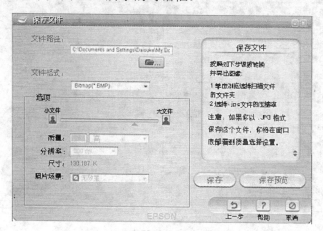

图 3-24 扫描的保存

（3）扫描至 P.I.M. 文件。使用该应用程序进行扫描并使用全真数码影像技术标准转换图像，然后将扫描的图像保存到指定的文件夹中。也可以给扫描的图像添加不同的彩色效果。当运行该应用程序时，将从 EPSON Scan 扫描图像并显示在检验助手对话框中。单击［下一步］按钮显示如图 3-25 所示的对话框。

（4）复印中心。使用该应用程序可将扫描仪转换成一台数字复印机。该应用看似真正的复印机，然而其功能和灵活性远远可超过传统的复印机。当运行该应用程序时，显示如图 3-26 所示的对话框。

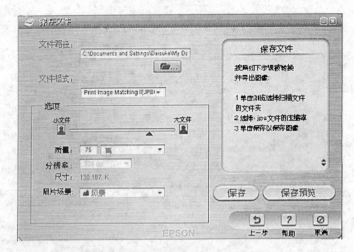

图 3-25　扫描至 P.I.M.文件

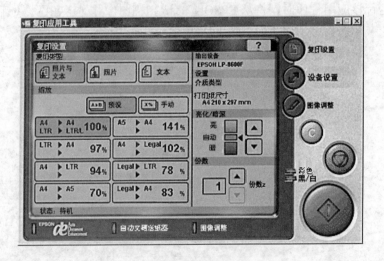

图 3-26　复印中心

（5）可编辑文本。使用该应用程序进行扫描并将图像转化成文本。转化的文本可以保存或传送给字处理程序。当运行该应用程序时，显示如图 3-27 所示的对话框。

（6）扫描至商业名片。使用该应用程序扫描商业名片，然后在该应用程序中将图像转化成文本以便管理商业名片。当运行该应用程序时，显示如图 3-28 所示对话框。

（7）扫描至创意模板。当运行该应用程序时，显示如图 3-29 所示的对话框并从 EPSON Scan 扫描图像，将扫描的图像显示在检验助手对话框中。单击 [下一步] 按钮将扫描的图像发送至 ArcSoft PhotoImpression。

图 3-27　可编辑文本　　　　　　　　图 3-28　扫描至商业名片

图 3-29　扫描至创意模版

（8）扫描至应用软件。使用该应用程序进行扫描然后将图像发送至需要的应用程序以便进行进一步的编辑。当运行该应用程序时，显示如图 3-30 所示对话框。

（9）扫描至邮件。使用该应用程序扫描图像并将邮件信息和扫描的图像一起发送。当运行该应用程序时，显示如图 3-31 所示的对话框。

图 3-30　扫描至应用软件　　　　　　图 3-31　扫描至邮件

（10）EPSON 照片站点。使用该应用程序来扫描使用全真数码影像技术的图像，然后将其上传到 EPSON 照片站点上。当运行该应用程序时，将从 EPSON Scan 扫描图像并显示在检验助手对话框中。单击［下一步］按钮显示如图 3-32 所示的对话框。单击［上传］按钮即可上传该图像。

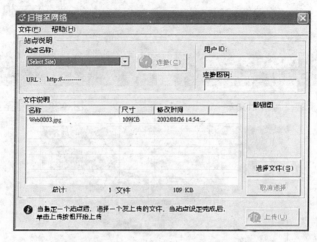

图 3-32　EPSON 照片站点

（11）扫描至 PDA。使用该应用程序进行扫描并将图像转换成可用的 PDA 的文件格式。当运行该应用程序时，将从 EPSON Scan 扫描图像并显示在检验助手对话框中。单击［下一步］按钮显示如图 3-33 所示的对话框。单击［转变］按即可将图像导出到 Sync 文件夹或指定的文件夹。

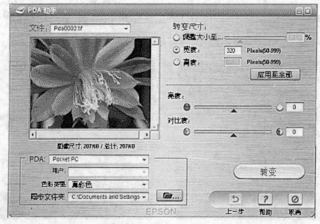

图 3-33　扫描至 PDA

【思考题】

1. 扫描操作有哪些步骤?
2. 如何设置扫描图片尺寸的大小?
3. 怎样选择分辨率?
4. 如何保存已扫描的图片?
5. 如何进行图片的色彩、对比度等的调整?
6. 全自动模式、家庭模式、专业模式如何使用?

第四章 传真机

第一节 传真机的种类和工作过程

传真机是集计算机技术、通信技术、精密机械与光学技术于一体的通信设备,其传输文件、报纸、相片、图表及数据等信息的传送速度快、接收的副本质量高,能准确在按照原样传送各种信息,适于保密通信,在办公自动化领域占有极重要的地位。

传真机的英文名为 facsimile,国际上通常简称 FAX。常见进口传真机多以公司名缩写加 F(或 FAX),再加型号命名,例如,NEFAX—63、UF—200 分别代表 NEC 公司(NE)、松下公司(U)生产的传真机,其中 63、200 表示传真机型;国产传真机的命名多冠以汉语拼音字母,用 CZ、CZW 分别代表一般传真机和文件传真机,如 CZ—80、CZW0202 等。

一、传真机的种类

传真机种类繁多,分类方法多种多样。根据传送的内容,传真机可分为如下几类:

1. 文件传真机

文件传真机是话路文件传真机的简称,是一种利用市内电话交换网络(或长途交换),在任意两个电话用户之间进行文字、图像资料传送的设备,是用途最广泛、用量最大的传真机。

文件传真机一般分为用户传真和公用传真两种(目前用户传真占 80% 以上),但是按其功能又可分为独立传真机(即只有传真功能的传真机)和多功能传真机(即主要用于传真,但也可用作复印机、打印机、文件扫描机,而且可与个人计算机兼容),按其输出方式还可以分为感热式传真机(即直接利用感热式打印技术)和普通纸传真机(即在普通纸上进行激光打印、LED 打印或喷墨打印)。

2. 相片传真机

这种传真机大量应用于公安、武警、新闻出版等部门。相片传真机不仅能传送黑白相片,而且还能传送灰度等级的相片,可以保证接收的照片的清晰和逼真。相片传真机一般用一个电话电路传送。

3. 气象图传真机

这种传真机与短波频接收配套,利用无线广播和气象卫星来发送和接收气象云图资料。其主要用于气象、军事、航空、航海和渔业等部门。

4. 报纸传真机

报纸传真机可以传送整版的报纸，从而使边远地区能及时收到中央报纸的样张，便于就地制版、印刷、发行，使边远地区能看到当天的中央报纸。这比用飞机运送报纸，发送航空版报纸更方便、迅速，而且不受气候和班机航次的限制。目前，报纸传真机一般利用微波通路来传输。

5. 信函传真机

信函传真机一般具有自动拆封装置。当地邮局把等待寄信函自动拆封，自动送入信函传真机，把信函传送到对方邮局；对方邮局的传真机收到后，自动封好信函送出机外，以便投送到收信人。

信函传真是由发送局处理的，发送局可以随时把传真信函传送到收信人所在的地区分局，将信函就近投递。这样，减少了信函集中分拣、打包转运及长途运输等过程，加快了传递速度。

二、传真通信的工作过程

如果要将一张图像（或文件、报纸、信件、相片、图表）传送到对方，首先需要对它进行分解，将发送图像分解成许多微小像素，并按照一定的顺序将这些像素转变为电信号，再把电信号进行调制处理后，通过有线或无线通路传输到接收端。接收端将接收到的电信号进行解调，再转变为记录纸上相应亮度的微小像素，同时把这些微小像素按照与发送端相同的顺序合成图像。这就是传真通信的工作过程，具体说明如下。

1. 发送扫描

因为图像是二维信息，若想传送它，需将其转换为一维信息。发送扫描就是在发送图像上进行从左到右、从上到下的扫描，把发送图像分解成许多微小像素，从而把二维信息转换成一维时间序列信号。发送扫描分为机械扫描和电子扫描两种方式。

2. 光电转换

光电转换就是通过发送扫描分解的各个像素的深浅信息转变为不同强度的电信号的教程，具体地说，把光照射在发送图像上，根据各像素反射光的强弱转变成相应的电信号。光电转换元件常使用光电倍增管、光敏二极管、电荷耦合器件（CCD）或MOS图像传感器等。

3. 图像信号的调制与解调

在发送端把通过光电转换得到的电信号再转换为线路传输频带内的信号，称为调制；在接收端把由发送端送来的被调制的电信号复原，称为解调。当把电话线作为传输线路时，调制方法为：低速机（6分钟机）采用调幅（AM）或调频（FM）；中速机（3分钟机）采用调幅—调相—残余边带调制（AM—PM—VSB）；高速机（1分钟机）采用在数据传输中使用的多相位调制（MPM）或正交振幅调制（QAM）。另外，有时为缩短图像信号的传送时间,在调制之前需要进行编码,以便消除图像信号的冗余度。编码处理后的信号经解调后还要进行解码处理。

4. 记录转换

为了把解调后的信号记录下来,需要将其转换为记录所需的能量,称为记录转换。记录能量包括光、电、热、磁、压力。根据记录图像的再现能力,记录可分为黑白两值记录、半色调记录、图片全调记录、彩色记录;根据记录所需的处理,可分为直接记录和间接记录,其中间接记录需要显影、定影等后续处理。

5. 接收扫描

发送扫描的逆过程叫接收扫描,即把按时间序列传送过来的一维信号还原为二维图像信息。接收扫描也分为机械扫描和电子扫描两种方式。

第二节　传真机的使用

一、传真机的安装

1. 传真机的安装

传真机应放置在离电源插座和电话线插座比较近,同时又便于使用的位置。安装应注意,须将附加电话安装在传真机外接电话线插座上。

2. 选择拨号方式

传真机的拨号方式有音频拨号方式与脉冲拨号方式两种。应依据当地电话网的交换机所能支持的方式选择。

3. 热敏纸安放方法

(1) 首先按下开启键,打开热敏纸盖;
(2) 把热敏纸按放在盛纸座中;
(3) 热敏纸拉出大约 15cm;
(4) 两手放在热敏纸盖的两边,将热敏纸盖轻轻按下,然后盖好;
(5) 撕掉多余的热敏纸。

4. 传真机安装状况的检查

传真机及热敏纸安装正确与否,可通过试复印进行检查,步骤如下:
(1) 把原稿面朝下并放进原稿台;
(2) 按复印键;
(3) 按设置键开始复印;
(4) 当复印完成后,撕下复印本,如无误则安装正常。

二、传真机发送功能的使用

（一）传送文件的规格尺寸

最小尺寸：148mm×148mm；

最大尺寸：256mm×1500mm。

有效纸张厚度：

单张发送：每张厚度为 0.05~0.15mm；

多张发送：每张厚度为 0.08~0.13mm。

（二）传送原稿注意事项

1. 文件上的墨水、胶水及涂改液必须干透后方能传送；
2. 不能传送卷曲的原稿；
3. 应先除去原稿上的书钉才能传送；
4. 不能使用厚度大于 0.15mm 的原稿传送，也不可用金属箔或布片传送；
5. 原稿为碳纸、蜡纸或胶面纸时，必须使用复印稿传送。

（三）文件的放置

放置文件的步骤如下：

1. 将文件导板调整至原稿的宽度；
2. 把原稿正面朝下放入原稿台；
3. 在发送多张原稿时，把应先发送的文件放置在最下面。

（四）用数字键拨号发送

1. 将原稿放入原稿台；
2. 选择发送效果（第一次使用时必须设置发送效果，平常可省略这一步）；
3. 按面板上数字键输入对方传真号码；
4. 按"开始"键自动拨号，传真机接通后自动传送。

按"停止/取消"键，可以中断发送或自动送出原稿。如输入的传真号码有错，也可按"停止/取消"键取消。

（五）定时发送

传真机能设定在 24 小时内定时发送，定时发送的步骤如下：

1. 将原稿放入原稿台；
2. 选择发送效果；
3. 按"功能"键；
4. 按"设置"键；
5. 按预定发送时间（选用 24 小时制）用数字键输入预定发送的时间，时间格式为："××（小时）：××（分钟）"；
6. 按"设置"键；

7. 输入对方电话号码；
8. 按"设置"键，完成定时发送的设定。
9. 设置定时发送后，仍可以进行自动或手动接收，也可以进行普通发送。

三、传真机接收功能的使用

（一）手动接收方法

传真机进行手动接收时，其操作步骤如下：
1. 当电话铃响后提起话筒和对方应答；如听到"哗"声后，按"开始"键到步骤3；
2. 谈话完毕后按"开始"键；
3. 把话筒放回原处；
4. 机器自动接收；
5. 传真完成。

（二）自动接收方法

传真机进行自动接收时，其操作步骤如下：
1. 将自动/手动键拨至自动（AUTO）接收；
2. 当电话铃响2~3次后，机器自动接收；
3. 传真完成。

（三）电话呼叫方法

1. 传真机在发送完成后与对方通话时，其电话呼叫方法如下：
（1）在发送途中提起电话机（放下电话机可中断电话保留）；
（2）在发送完成后，对方机器会鸣14秒；
（3）当对方提起电话机，一声"哗"后可和对方通话，如对方不提起电话机，电话线会自动中断。
2. 传真机在接收完成后与对方通话时，其电话呼叫步骤如下：
（1）在接收途中提起电话机（放下电话机可中断电话保留）；
（2）在发送完成后，对方机器会鸣14秒；
（3）当对方提起电话机，一声"哗"后即可与对方通话，如对方不提起电话机，电话线会自动中断。

（四）复印方法

传真机具有缩小及放大复印功能，其复印步骤如下：
1. 放置原稿在原稿台上；
2. 选择复印效果；
3. 按"复印"键；
4. 按"设置"开始复印；

5．传真完成。

四、传真机维护与故障检修

（一）传真机的日常维护

为保证传真机处于良好的工作状态，对于已经安装好的机器，应当定期进行清扫和检查工作。依据其结构的复杂程度，一般进行下述部分工作或全部工作：

1．擦拭传真机外壳、平台和积存板：在确认电源已经断开后，用干净而柔软的布擦拭，也可配合使用中性清洁剂。
2．清洁反光镜：用"皮老虎"或吹气刷清洁灰尘。
3．清洁输纸辊：用毛刷刷除纸屑、碎片等沾着物。
4．擦拭荧光灯：用软布擦拭灰尘，若两头严重发黑时，要及时更换。
5．添加润滑油：对机械传动部分，要适量加润滑油，使其运转良好。
6．擦拭压纸辊：用干布去除灰尘等杂物，禁用酒精清洗。
7．检查传感微动开关的动作是否灵敏，接触是否良好。
8．检查文件分离器的多页分离情况，及时调整。
9．擦拭感热头：用脱脂棉蘸酒精擦去污垢，禁用镊子等尖利器械。

（二）拨号和传送问题

表 4-1　拨号和传送问题及其解决方法

问　题	解　决　方　法
拿起听筒时无拨号音	确认听筒接线连接在正确的插座上。
不能拨号	确认电源线正确插入墙壁电源插座上。 确认电话线正确插入电话线插座和墙壁插座。 确认传真机设定于对应电话线路的正确拨号模式。
电源接通着，但无法传送文件	确认接收方传真机中有传真纸。 确认电话线插入电话线插座，而不是外置电话插座。 如果接收方传真机处于手动模式，而操作员不在场，则无法进行接收。 拿起听筒并检查拨号音。
对方接收后未打印出任何内容	确认将用于传送的文件正面朝下放入送稿器。
对方接收的图文失真	电话线路干扰可能会引起失真，重新发送一次。 在传真机上复印一份文件，如果该复印件也失真，则可能是传真机有问题。

（三）接收和复印问题

表 4-2　接收和复印问题及解决方法

问　　题	解　决　方　法
传真机不能自动接收文件	确认接收模式设定于传真模式。
电源接通着，但无法接收文件	确认电话线插入电话线插座，而不是外置电话插座。
接收文件时，出来的传真纸是空白的	确认文件正确装入传送方传真机的送稿器。可试复印一份文件或打印一份报告以确认本传真机的打印能力。 确认传真纸已正确装入本传真机。
接收的文件模糊	要求对方发送高对比度的文件。如果对比度仍然太低，则可能是本传真机有问题。可试复印一份文件或打印一份报告以确认本传真机的打印能力。
接收的图文失真	电话线路干扰可能会引起失真。请要求对方重新发送一次。用本传真机复印一份文件或打印一份报告。如果复印件或报告也失真，则可能是本传真机有问题。
接收的文件或复印件有条纹	确认操作面板完全关好（按下面板的两侧）。
复印质量不佳和/或有黑点出现	扫描玻璃上的任何污迹或碎屑均会使复印件或所传送的传真纸上出现黑点。请清洁扫描玻璃。
接收/复印被中断。	如果接收或复印持续很长时间时，打印头可能会过热。请关闭电源让其冷却。

（四）一般问题

表 4-3　其他问题及解决方法

问　　题	解　决　方　法
显示屏上不出现任何内容	确认电源线正确插入电源插座。 将另一台电器装置插入该电源插座，以确认它是否有电。
按任何键时传真机均无反应	如果按键时不发出哔音，请拔下电源线，然后数秒钟后再插入。
传送或复印时自动送稿器不工作	检查文件的尺寸和重量。
分机电话上的通话被传真机打断	如果接收模式设定于外接答录，传真机可能会中断通话。若要防止音频式拨号分机电话上的通话被中断，请在应答后按分机电话上的任意三个键。（注：请勿输入启动传真接收的代码。）
试图进行拉搞时没有接收到任何内容	确认传真纸没有用完。 确认传送方传真机处于自动接收模式。 如果传送方传真机具有拉稿安全能力，请确认本传真机的号码已输入本传真机和传送方传真机中。

（五）信息和信号
1. 显示信息

表 4-4　显示信息的含义

CHECK PAPER（检查传真纸）	传真纸被夹住或未安装好。拆下然后重新安装传真纸。
COVER OPEN（机盖开启）	操作面板打开。将其关闭。
DOCUMENT JAMMED（文件夹住）	原稿文件被夹住。
FUNCTION MODE（功能模式）	按了功能键。
HOLD（保留）	在通话中按了保留/搜寻键，保留对方的电话。再按一下保留/搜寻键解除保留。
LINE BUSY（线路忙）	如果试图用自动拨号发送传真，而线路忙或者接收方传真机没有回答时将出现此信息。按停止键清除此信息。
LINE ERROR（线路故障）	传送或接收不成功。按停止键清除信息，然后再试一次。如果故障仍然存在，请参见前面"问题和解决方法"中的"线路故障"。
NO DATA（无资料）	连接在传真机上的分机电话正在使用中。请勿在此时拿起传真机的听筒或试图传送文件，否则将中断分机电话上的通话。
NO#STORED（无存储）	如果试图拨打或清除快速键拨号或缩位拨号号码，而没有存储内容时，将出现此信息（未设定完整的号码）。
OFF HOOK（摘机待接）	在使用听筒拨号并发送传真后忘记放回时出现此信息。放回听筒或者按停止键清除信息。
ON HOOK DIAL（挂机拨号）	已按免提键，传真机等待您拨号。
OUT OF PAPER（纸用完）	传真纸已用完。装上新的传真纸卷。
OVER HEAT（过热）	打印头过热。等它冷却后操作将继续。
PAPER JAMMED（夹纸）	打印的纸被夹住。
READY TO SEND（准备发送）	已放入文件，传真机等待传送或复印指示。
RECALLING（重拨）	如果试图以自动拨号发送传真而电话占线或接收方传真机不应答时出现此信息。
SEARCH DIAL（搜寻拨号）	按保留/搜寻键后，按#键搜寻一个自动拨号号码，或按停止键返回日期和时间显示。
TOTAL PAGE（S）01（总页数）	传送、接收或复印的页数。

2. 声音信号

表 4-5　声音信号的含义

连续音	3 秒	表示传送、接收或复印结束。
断续音（3 声哔音）	5 秒（响 1 秒，停 1 秒）	表示传送、接收或复印未完成。
快速断续音	连续（响 0.7 秒，停 0.3 秒）	表示听筒未挂好。

（六）清除夹纸

1. 清除夹住的文件

在传送或复印中，如果原稿文件没有被正确送入，或显示屏上出现"DOCUMENT JAMMED。（文件夹住）"字样，可先试按启动键。如果文件仍不出来，再"打开操作面板将其取出，但切勿试图在未"打开操作面板时取出文件，否则可能会损坏送稿机构。具体操作如下。

（1）抓住指孔拉起并打开操作面板。
（2）拉起白色滚轴两侧的绿色杆。
（3）取出文件。
（4）放下白色滚轴两侧的绿色杆。
（5）按下面板的前面两侧角，关闭操作面板，并确认发出喀喀声到位。

2. 清除夹住的纸张

（1）抓住指孔拉起并打开操作面板。
（2）抬起前侧纸导板。
（3）取出纸卷。
（4）剪掉纸卷中有皱褶的部分。
（5）重新安装传真纸。

第三节　传真机使用训练

一、训练目的

1. 了解传真机的种类和发送与接收过程。
2. 掌握传真机的按键功能。
3. 掌握传真机的使用。

二、器材

SHAPR FO—70CN 型传真机。

三、训练内容

（一）传真机的安装

1. 传真机按键及其功能

如图 4-1 为 SHAPR FO—70CN 型传真机操作面板，其功能如下。

第四章 传真机

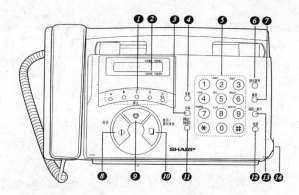

图 4-1 传真机操作面板一览

❶ 快速拨号键：按其中一个键自动拨传真号码。（注：FO-10CN 无此功能）
❷ 显示屏：显示操作和编程中的各种信息和提示。
❸ 功能键：按此键选择各种特殊功能。
❹ 音量键：在按下免提键后再按此键可用来调节扬声器的音量，而在其他任何时候可用来调节振铃音量。
❺ 数字键：利用这些键进行拨号，并在存储自动拨号号码时输入数字和字母。
❻ 缩位拨号键：按此键，用 2 位数的缩位快速拨号号码拨传真或电话号码。
❼ 重拨键：按此键自动重拨上次拨打的号码。
❽ 启动键：在使用缩位拨号、直接按键拨号或普通拨号时，按此键便开始传送。
❾ 停止键：在某操作结束之前，按此键便可将其取消。
❿ 复印/疑问求助键：当送稿器上有文件时，按此键可复印文件。在其他任何时候按此键则打印疑问求助清单，即传真机操作的快速参考指南。
⓫ 解析度/接收模式键：当送稿器上有文件时，按此键便可调整传送或复印文件的清晰度。在其他任何时候按此键便可选择接收模式（显示屏上出现一个箭头指出当前所选的接收模式）。
⓬ 免提键：发送文件时，按此键便可从扬声器听到线路和传真音。但这并不是扬声器电话，要跟对方通话必须拿起听筒。
⓭ 保留/搜寻键：按此键搜索一个自动拨号号码，或在通话中按此键以保留对方的电话稍后再通话。
⓮ 释放板：抓住指孔并向身前拉此释放板打开操作面板。

2．输入传真机的姓名和传真号码

使用传真机之前，需要输入传真机的姓名和传真机的电话号码，还需设定日期和时间。一旦输入了这些信息，它们将自动出现在发送的每一页文件的顶端。

（1）按功能键和 3 键：显示屏上将显示： ENTRY MODE （输入模式）。
（2）按两次＃键：显示屏上将显示： OWN NUMBER SET （自己的传真号码设定）
（3）按启动键：显示屏上将显示： ENTER FAX# （输入传真号码）
（4）按数字键（最多可输入 20 位数字）输入本传真号码。
① 若要在数字之间插入空格，请按＃键。
② 如果出错，按缩位拨号键将光标移回到出错位置并修正错误。
（5）按启动键将传真号码存入存储器。显示屏上将显示： ENTER YOUR NAME （输入您的姓名）
（6）按下与各字母相应的数字键输入拥有传真机的单位或个人的姓名，最多可输入 24 个字符。

例如：SHARP=77777 444 22 7777 免提键 77

空格=11	A=22	B=222	C=2222
D=33	E=333	F=3333	G=44
H=444	I=4444	J=55	K=555
L=5555	M=66	N=666	O=6666
P=77	Q=777	R=7777	S=77777
T=88	U=888	V=8888	W=99
X=999	Y=9999	Z=99999	

若要连续输入两个需用同一键的字母，在输入第一个字母后按免提键。免提键使光标向前移，保留/搜寻键使光标向后移。

要删除错误时，按缩位拨号键。

要改变大小写字母时，按重拨键。

要选择以下某一符号时，反复按#键或＊键

. / ! " # $ % & ' ( ) * + , - : ; < = > ? @ [￥] ^ _ ` { | } → ←

光标：显示屏上的黑色方块标记，表示数字或字母的输入位置。

（7）按启动键将您的姓名存入存储器。显示器上将显示： DATE&TIME SET （日期和时间设定）
（8）按停止键返回到日期和时间显示。

3．设定日期和时间

日期和时间经设定后，将出现在显示屏和报告中，并打印在每一页传送文件的顶端。设定步骤如下。

（1）按功能键和 3 键：显示屏上将显示： ENTRY MODE （输入模式）。
（2）按功能键和三次＃键：显示屏上将显示： DATE &TIME SET （日期和时间设定）。
（3）按启动键。

- 当前设定的日期将出现在显示屏上。
(4) 输入两位数的日期（"01"至"31"）。例如5日：05。
(5) 输入两位数的月份（一月为"01"，二月为"02"，十二月为"12"等）。
- 若要纠正错误，按缩位拨号键将光标移回到出错的位置，然后输入正确的数字。
(6) 输入年份（四位数）。
(7) 输入两位数的小时（"00"至"23"）和两位数的分钟（"00"至"59"）。
(8) 按启动键使时钟开始运行。
(9) 按停止键返回到日期和时间显示。

4．选择接收模式
(1) 本传真机有四种接收电话和传真的模式。
① 电话模式：当想要既能接收电话又能接收传真时，则选择此模式。接收时必须首先拿起传真机的听筒来应答所有的电话（包括传真）。
② 传真模式：当只想在此线路上接收传真时，则选择本模式。传真机将自动应答所有的电话并接收传真。
③ 自动识别：本模式对于接收传真和电话均方便。当呼叫打进来时，传真机将检测是电话（包括手动拨号传真发送）还是自动拨号传真。若是电话，传真机将发出一种特殊的振铃声提醒您接电话；若是自动拨号传真发送，则将开始自动接收。
④ 外接答录：若想在外出中用应答机接收语音信息和用传真机接收传真时，则选用此模式，但必须将应答机接至传真机。
(2) 选择接收模式的步骤如下：
① 确认送稿器空着。
② 按解晰度/接收模式键直至显示屏上的箭头对准所需的模式。

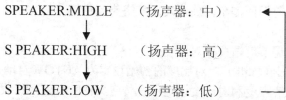

5．音量调节
可以用音量键调节扬声器和振铃器的音量。
- 扬声器
(1) 按免提键。
(2) 按音量键一次以上选择所需的音量等级。显示屏将显示：

    SPEAKER:MIDLE　　（扬声器：中）

    S PEAKER:HIGH　　（扬声器：高）

    S PEAKER:LOW　　（扬声器：低）

（3）再次按免提键关闭扬声器。

● 振铃器

（1）按音量键选择所需的音量等级（确认未按免提键，也未拿起听筒），显示屏上将显示：

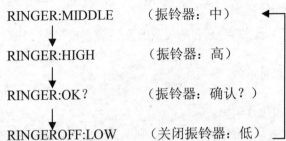

RINGER:MIDDLE	（振铃器：中）
RINGER:HIGH	（振铃器：高）
RINGER:OK？	（振铃器：确认？）
RINGEROFF:LOW	（关闭振铃器：低）

（2）若想要关闭振铃器，继续按音量键直至"RINGEROFF:OK？"出现在显示屏上，然后按启动键。

（二）传真机发送功能的使用

1. 放入文件

送稿器中一次最多可放入 5 页文件。文件将从最底下的一页开始被自动送入传真机。若需要发送或复印 5 页以上文件，在最后一页被扫描之前将剩余的文件小心仔细地放入送稿器。切勿试图强行放入，否则可能导致重迭送纸或夹纸。

若文件中有几页特别大或厚，则必须一次放一页，在扫描前一页时插入一页至送稿器，要轻轻插入以防止重迭送纸。

（1）调节文件导板以适合文件宽度。

（2）将文件下面朝下轻轻推入送稿器，文件的顶端应先送进传真机。当送稿器将文件的前缘吸进传真机后，显示屏上将显示： READY TO SEND （准备发送）

（3）按照"解晰度和对比度"中的说明调整解晰度和/或对比度的设定，然后按照"以普通拨号发送传真"中的说明拨号。

2. 从送稿器上取出文件

若需要从送稿器上取出文件，必须打开操作面板，切勿试图在未打开操作面板的情况下取出文件，否则可能损坏送稿机构。具体操作如下。

（1）抓住指孔拉起并打开操作面板。

（2）取出文件。

（3）关闭操作面板。按下面板的前面两侧角，确认发出喀嗒声到位。

3. 调节解晰度和对比度

若有必要，可以在发送文件之前调节解晰度和对比度。

解晰度的初始设定为 STANDARD（标准），对比度的初始设定为 AUTO（自动）。若不想使用，则必须每次调整设定。解晰度和对比度设定仅在传送文件时有效，接收文件时无效。

● 解晰度设定

STANDARD（标准）：用于传送普通文件。本设定是最快速和最经济的传送。

FINE（精细）：用于传送包含小文字或精细图像的文件。

SUPER FINE（超精细）：用于传送包含极小文字或极精细图像的文件。

HALF TONE（中间色调）：用于传送照片和图像。原稿将以64个灰度等级再现。

● 对比度设定

AUTO（自动）：用于传送普通文件。

DARK（深色）：用于传送模糊文件。

解晰度和对比度设定的操作如下。

（1）放入文件。文件必须在调节解晰度和对比度之前放入。

（2）按一次或数次解晰度/接收模式键直到所需的解晰度和对比度设定出现在显示屏上。

首次移动解晰度设定表时，对比度设定 AUTO（自动）将出现在各解晰度设定旁边。第二次移动该表时，对比度设定 DARK（深色）将出现。若要以 SUPER FINE 解晰度传送文件，接收方的传真机也必须具有该解晰度，否则，本传真机将自动下降到下一级可能的最佳设定上。

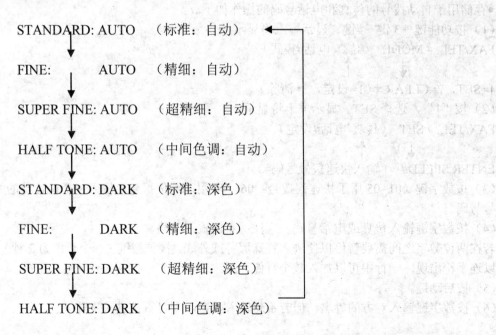

4. 以普通拨号发送传真

若使用普通拨号时，必须拿起听筒（或按免提键）并按数字键拨号。若有人应答，在发送传真之前可通过听筒与对方交谈。

普通拨号能听到线路音，确认对方传真机是否应答。具体操作如下。

(1) 放入文件。显示屏上将显示： READY TO SEND（准备发送）

(2) 拿起听筒或按免提键，听到拨号音。

(3) 按数字键输入接收方传真机的号码。

(4) 等待接通。根据接收方传真机的设定，将听到传真机接收音或对方有人应答。若对方应答，请对方按 START 键，这样接收方的传真机将发出接收音。

(5) 当听到接收音时，按启动键。若使用了听筒，将其中放回。传送结束后，传真机将发出一声哔音。

5. 以自动拨号发送传真

若要使用自动拨号，必须首先将完整的传真或电话号码存入传真机。

存储传真或电话号码时，需要为其选择一个两位数的快速拨号号码。可以存储 40 个快速拨号号码。

快速拨号号码 01 至 05 用于快速键（单触）的拨号；快速拨号号码 06 到 40 用于缩位拨号键的拨号：缩位拨号→06→启动。

●存储用于自动拨号的传真和电话号码的操作如下。

(1) 按功能键→3 键→#键，显示屏上将显示：

FAX/TEL. # MODE　（传真/电话#模式）

1=SET，2=CLEAR　（1=设定，2=清除）

(2) 按"1"，选择 SET。显示屏上将显示：

FAX/TEL. # SET　（传真/电话#设定）

ENTER SPEED#　（输入快速拨号号码#）

(3) 按数字键（01~05 用于快速键拨号，06~40 用于缩位拨号）输入一个两位数的缩位拨号号码。

(4) 按数字键输入传真或电话号码。（注：不能输入空格。）

若在两位数字之间需要暂停以便进入特殊服务或外线，按重拨键（一个暂停为 2 秒），暂停以连字符出现，一行中可以加入数个暂停。

(5) 按启动键。

(6) 按数字键输入对方的姓名，但若不想输入姓名，则可直接进入步骤 7。

空格=11	A=22	B=222	C=2222
D=33	E=333	F=3333	G=44
H=444	I=4444	J=55	K=555
L=5555	M=66	N=666	O=6666
P=77	Q=777	R=7777	S=77777
T=88	U=888	V=8888	W=99
X=999	Y=9999	Z=99999	

若要连续输入两个需用同一个键的字母，则在输入第一个字母后按免提键。

（7）按启动键。

（8）返回步骤3存储另一个号码，或按停止键恢复日期和时间显示。

但要注意，存储在快速拨号键或缩位拨号号码中的区号或访问码仅可在拨号之前拿起听筒或按免提键的情况下才可使用。

● 删除自动拨号号码

（1）按功能键→3键→#键，显示屏上将显示：

FAX/TEL. # MODE （传真/电话#模式）

1=SET，2=CLEAR（1=设定，2=清除）

（2）按2键选择CLEAR。

（3）按数字键输入所要删除的快速拨号号码。

（4）按启动键。

（5）返回步骤3可删除另一个号码，或按停止键退出。

若要修改前面存储的号码，则重复存储步骤。在步骤3中选择所要修改的快速拨号键或缩位拨号号码，然后在步骤4和步骤6中当号码和/或出现在显示屏上时进行修改。

● 快速拨号键拨号

若所要拨打的号码已存入快速拨号号码01至05用于自动拨号，则按相应的快速拨号键即可拨号。具体操作如下。

（1）放入文件。显示屏上将显示： READY TO SEND（准备发送）

（2）按照以下方法按所需的缩位拨号号码对应的快速拨号键：

缩位拨号01：快速拨号键A

缩位拨号02：快速拨号键B

缩位拨号03：快速拨号键C

缩位拨号04：快速拨号键D

缩位拨号05：快速拨号键E

接收方的姓名将出现在显示屏上。若未存储姓名，则会出现传真号码，若姓名或号码不正确，请按停止键。一旦接通，文件将自动被传送。

- **缩位拨号**

缩位拨号可用于拨打存储为自动拨号的任何号码。具体操作如下。

（1）放入文件。显示屏上将显示：READY TO SEND（准备发送）。

（2）按缩位拨号键，然后按数字键输入两位数的缩位拨号号码。若要输入数字1至9，先输入0，然后输入数字。

（3）查看显示屏。如果显示的姓名或号码正确，按启动键，如果不对，按停止键后重复步骤2。

- **直接按键拨号**

用数字键输入完整的号码，然后按启动键开始拨打。具体操作如下。

（1）放入文件。显示屏上将显示：READY TO SEND（准备发送）。

（2）按数字键输入接收方传真机的号码。

（3）查看显示屏。如果显示的接收方传真机号码正确，按启动键。如果不对，按停止键逐次删除一位数字，然后重新输入正确的号码。

- **搜寻自动拨号号码**

如果忘记了某个传真号码存储于哪个快速拨号键或缩位拨号号码，则可以按以下步骤搜寻该号码。一旦找到了该号码，只需要简单地按启动键便可以拨号并传送放入的文件。

（1）放入文件。显示屏上将显示：READY TO SEND（准备发送）。

（2）按保留/搜寻键，然后按1键。

（3）按一次或数次相应的数字键（对应所需字母的键）输入存储姓名的第一个字母，直到该字母出现在显示屏上。若姓名以特殊符号或数字开头，按1键。若忘记了第一个字母，则进到步骤4（将从头开始浏览姓名一览表）。若没为有该号码存储姓名，按"0"键。这样，将浏览号码一览表，而非姓名。

（4）按#键或＊键浏览姓名（若按0键，浏览号码），直至所需的姓名出现在显示屏上时停止。若没有存储以输入字母开头的姓名，则可从下一个姓名开始以字母排列顺序浏览一览表。若完全未存储姓名/号码，将显示 NO DATA（没有资料）。

（5）按启动键，一旦接通文件将被自动传送。

- **处理报告**

完成发送或接收传真后，传真机会自动打印处理报告以便检查结果。处理报告无法以手动方式打印，出厂时传真机设定为仅在出错时打印处理报告，若要改变打印报告的条件，则按照以下步骤进行。

（1）依次按：功能键→4→#→#→#。显示屏上将显示：

TRANSACTION LIST （处理报告）。

（2）按"1~4"键中的任一键选择打印条件。

"1"键：ALWAYS PRINT（常规打印）　每次传送、接收或出错时均打印报告。

"2"键：ERROR PRINT（出错打印）　仅出错时打印报告。

第四章 传真机

"3"键：SEND ONLY（传送打印）　　每次传送后打印报告。
"4"键：NEVER PRINT（不打印）　　不打印报告。

（三）传真机接收功能的使用

1．使用自动识别

按解晰度/接收模式键直到显示屏上的箭头指向自动识别。

接收模式设定于自动识别时，传真机在响起 2 次铃声时会自动应答所有的电话。应答后，传真机会临测线路约 5 秒钟以判断是否有传真发送过来。

若传真检测到传真音（表示来电是以自动拨号传送的传真），将自动开始接收传真。若传真未检测到传真音（表示来电是电话或以手动拨号传送的传真），将发出 30 秒钟的振铃声（称为伪振铃），以提醒您接电话。如果在此期间内未应答，传真机将发送传真音给对方的传真机，允许对方根据需要手动发送传真。

2．使用传真模式

选择传真模式时，按解晰度/接收模式键直到显示屏上的箭头指向传真模式。接收模式设定于传真模式时，传真机在响两次铃声后自动应答来电并接收传真。

如果在传真机应答之前拿起听筒，则可以按照"使用电话模式"中的说明与对方通话，并/或接收文件。

若有必要，可在传真模式和自动识别模式下改变传真机应答来电的铃声次数。可选择 2~5 中的任一数字。改变铃声次数具体操作如下。

（1）依次按功能键→4→#。显示屏上将显示：

　　NUMBER OF RING　（铃声次数）

　　　　　　　　↓　　↑
　　ENTER （2-5）　（2）　（输入 2-5）（2）

（2）输入所需铃声次数（2~5 中的任一数字）。显示屏上将显示：

TEL/FAX REMOTE#　（电话/传真遥控#）

（3）按停止键恢复日期和时间显示。

若使用的是特殊铃声，则不管上述设定如何，本传真机均会在两次铃声后应答来电。

3．使用电话模式

选择电话模式时，按解晰度/接收模式键直到显示屏上的箭头指向电话模式。

接收模式设定于电话模式时，必须用传真机的听筒或连接在同一电话线上的分机电话应答所有来电。具体操作如下。

（1）传真机响铃时拿起听筒。

（2）若听到传真音，则等待显示屏上显示 RECEIVING（接收），然后放回听筒。若已将传真信号接收设定为 NO（否），则按启动键开始接收。

（3）若对方先说话，然后要求发送传真，则在通话后按启动键（要在对方按启动键之前按启动键），确认显示屏上显示 RECEIVING（接收），然后放回听筒。

若用分机电话应答。

（1）电话铃响时，拿起分机电话应答。

（2）若听到柔和的传真音，则等待本传真机应答（若分机电话连接在传真机上，则它将断开；若分机电话连接在单独的墙壁插座上，则会听到高频音），然后放回听筒。

（3）如果传真机不应答，或者对方想先通话再发送传真，则按分机电话（仅限于音频拨号电话）上的 5、＊和＃。这会通知本传真机开始接收，然后放回听筒。

（四）传真机的复印功能？

传真机具有复印文件的功能。使用时可以利用此功能在文件之前制作文件的复印样本，以查看是否需要调节解晰度或对比度。具体操作如下。

（1）正面朝下放好文件，显示屏上将显示：READY TO SEND（准备发送）

（2）按复印/疑问求助键。

（五）传真机打印一览表

可以打印电话号码一览表以显示已存储的用于自动拨号的传真/电话号码，以及打印防垃圾传真号码一览表以显示拒收号码。

若要打印一览表，可按照以下步骤进行。

（1）按功能键和"2"键。显示屏上将显示：LISTING MODE（一览表模式）

（2）按＊键选择防垃圾传真号码一览表，或按＃键选择电话号码一览表。

（3）按启动键打印一览表。

【思考题】

1. 传真机的工作过程是什么？
2. 怎样进行传真纸的安装？
3. 传真机是如何进行发送和接收的？
4. 怎样输入传真机的姓名和传真号码？
5. 电话模式、传真模式、自动识别模式的操作方法有什么区别？

第五章 激光打印机

激光打印机具有高速高印质量的特征，而且在技术上成熟。随着推广应用和工业化批量生产，成本及售价在不断下降中，具有较好的性能价格比，在市场上具有一定的竞争能力。但激光打印机的印字原理是采用单束激光进行串行扫描，进一步提高印字速度却受到了机械传动部件的限制。此外，激光打印机有一套精密复杂的光学系统，对机械可动部件的机械加工和装配的精度要求极高。从技术发展的观点来看，采用其他光源的打印机以及利用其他印字技术的各种打印机，其发展目标都是把竞争对象瞄准了激光打印机。因此，激光打印机的进一步发展，面临的竞争对手是多种机种，尤其是发光二极管式打印机，它是最强劲的对手。激光打印机最终将被其他机种取代，这是科学技术发展的必然趋势。

第一节 激光打印机的特点和组成

一、激光打印机的分类和特点

PPM 是指每分钟打印的页数，这是衡量打印机打印速度的重要参数，是指连续打印时的平均速度。激光打印机从输出速度来分，可分为高速、中速、低速三种类型。

（一）激光打印机的分类

1. **高速机种**。1975 年，IBM 开发的 IBM3800 机和 1976 年 SIENENS 投放市场的 ND-2 机，都是与大型计算机配套使用，作为集中打印输出的高速输出设备与原有的机械式行式打印机相比，处理了数倍。随后，日本各大型计算机厂商，如日立制作所（HITACH）、日本电气（NEC）等，为汉字信息处理系统也开发出了相类似的高速激光打印机。这类高速机种，输出 A4 纸的速度可达到大于 100 页/分，页处理能力可达数百万页，最适合于集中打印输出处理。

2. **中速机种**。这类机型以 IBM6670、XEROX5700 为代表，适用于字处理系统集中打印输出的应用领域。这类机型印字速度适中，具有多功能，适合印刷输出多种字体。随着微机的推广应用以及半导体存储器的技术进步，在 70 年代末已形成一个专门的应用领域。这类机型，输出速度为 30~60 页/分，页处理量为 20 万页左右。

3. **低速机种**。进入 80 年代后，随着办公自动化系统和桌面印刷系统（DTP）的大力发展和面向推广应用，这些系统配套的重要输出设备，台式结构的激光式打印机获得了高速发展。从80年代开始，获得普及的击打打印机，不能满足TEXT（文字）和GRAPHIC（图表）两种处理功能要求，而激光打印技术可发挥其多功能的特长，从而获得了面向纵深发展的机遇。由于激光式打印机的信息处理是数字化的点阵数据，同时利用通信线路可以传输图像数据，所以这类低速机种在办公文件处理系统领域里获得了大量应用。这类机型的输出速度为20（或低于20）页/分，页处理量在2万页以内。

（二）激光打印机的特征

1. 优点

（1）具有高分辨率，目前有600DPI甚至1200DPI的分辨率；

（2）打印速度快；

（3）打印噪声低；

（4）大量打印时，其平均打印成本最低。

2. 缺点

（1）价格昂贵；

（2）打印的耗材（碳粉和碳粉盒）价格昂贵；

（3）对纸张的要求很高，要求使用专门的激光打印纸，不能用打印复写纸。

如果追求高品质的打印环境，不很需要彩色打印，而且有足够的资金，可以考虑购买激光打印机。

二、激光打印机的组成和工作过程

（一）激光打印机的组成

1. 机械结构

激光打印机的内部机械结构十分复杂。这里就其主要部件墨粉盒和纸张传送机构进行介绍。

（1）墨（碳）粉盒。激光打印机的重要部件如墨粉、感光鼓（又称硒鼓）、显影轧辊、显影磁铁、初级电晕放电极、清扫器等，都装置在墨粉盒内。HP和Canon的激光打印机基本上都是这样的一体化结构。但其他一些激光打印机也有鼓粉分离的（如联想LJ6P和LJ6P+等）。当盒内墨粉用完后，可以将整个墨粉盒卸下更换。其中感光鼓是一个关键部件，一般用铝合金制成一个圆筒，鼓面上涂敷一层感光材料。

（2）纸张传送机构。激光打印机的纸张传送机构和复印机相似。纸由一系列轧辊送进机器内，轧辊有的有动力驱动，有的没有。通常，有动力驱动的轧辊都是通过一系列的齿轮与电机联在一起的。主电机采用步进电机，当电机转动时，通过齿轮离合器使某些轧辊独立地启动或停止。齿轮离合器的闭合由控制电机的CPU控制。

2. 激光扫描系统

激光打印机的激光扫描系统的核心部件是激光写入部件（即激光打印字头）和多面转镜。高、中速激光打印机的光源都采用气体（He-Ne）激光器，用声光（AO）调制器对激光进行调制。为拓宽调制频带,由激光器发生的激光束,需经聚焦透镜进行聚焦后再射入声光调制器。根据印字信息对激光束的光强度进行调制,为使印字光束在感光体表面形成所需的光点直径,还需经扩展透镜进行放大。

3．电路

（1）控制电路。激光打印机的控制电路是一个完整的被扩展的微型计算机系统。计算机系统主要包括 CPU、ROM、RAM、定时控制、I/O 控制、并行接口、串行接口等。该计算机系统通过并行接口或串行接口接收方机输入信号；通过字盘接口控制/接收字盘板接口控制/接收操作面板信息；另外，还控制直流控制电路，再由直流控制电路控制定影控制、离合控制、各个驱动电机、扫描电机、激光发生器以及各组高压电源等。

（2）电源系统。激光打印机内有多种不同的电源。例如，HP 33440 型激光打印机中直流低压电源有 3 组；+5V，−5V，和+24V。

4．开关及安全装置

激光打印机都设置有许多开关，控制电路利用这些开关检测并显示打印机各个部件的工作状态。许多开关还带有安全器件，以防伤害操作人员或损坏打印机。

（二）激光打印机的基本工作原理

激光打印机是将激光扫描技术和电子照相技术相结合的印字输出设备。其工作过程可用图 5-1 描述。

图 5-1　激光打印机的原理图

计算机发送二进制数据信息，由视频控制转换为视频信号，再由视频接口/控制系统把视频信号转换为激光驱动，然后由激光扫描系统产生载有字符信息的激光束，最后由成像系统使激光束成像并转印到纸上输出。成像系统是激光打印机最重要的工作系统，其工作性能的好坏直接影响着输出文稿的质量。成像系统的工作流程一般由充电、曝光、显像、转印、定影等主要步骤组成。

1．充电。在感光鼓（体）表面的上方设有一个充电的电晕电极，其中有一根屏蔽的钨丝。当传动感光鼓（体）的机械部件开始动作时，用高压电源对电晕电极加数千伏的高压，这样就会开始电晕放电。电晕电极放电时，钨丝周围的空气就会被放电离，变成能导电的导体，使感光鼓表面带上正（负）电荷。

所谓电晕放电，就是给导体加上一定程度的电压，使导体周围的空气（或其他气体）被电离，变成离子层。一般认为空气是非导电体，电离后就变成了导体。

2. 曝光。随着带正（负）电荷的感光鼓（体）表面的转动，遇有激光源照射时，鼓表面曝光部分变为良导体，正（负）电荷流向地（电荷消失）。

文字或图像以外的地方，即未曝光的鼓表面，仍保留有电荷，这样就生成了不可见的文字或图像的静电潜像。

3. 显像。随着鼓表面的转动，对静电潜像进行显影操作。显影就是用载体和着色剂（单成分或双成分墨粉）对潜像着色。由于载体带负（正）电荷，着色剂带正（负）电荷，这些着色剂就会裹附在载体周围，通过静电感应作用，着色剂就会被吸附在放电的鼓表面上即生成潜像的地方，使潜像着色变为可视图像。

4. 转印。被显像的鼓表面的转动通过转印电晕电极时，显像后的图像即可转印在普通纸上。因为转印电晕电极使记录纸带有负（正）电荷，鼓（体）表面着色的图像带有正（负）电荷，这样，显像后的图像就能自动地转印在纸面上。

5. 定影。图像从鼓面上转印在普通纸上之后，进一步通过定影器进行定影。定影器（或称固定器）有两种：一种是采用加热固定，即烘干器；另一种是利用压力固定，即压力辊。带有转印图像的记录纸，通过烘干器加热，或通过压力辊加压后使图像固定，使着色剂融化渗入纸纤维中，最后形成可永久保存的记录结果。

6. 清除残像。转印过程中着色剂从鼓面上转印到纸面上时，鼓面上多少会残留一些着色剂。为清除这些残留的着色剂，记录纸下面装有放电灯泡，其作用是消除鼓面上的电荷，经过放电灯泡照射后，可使残留的着色剂浮在鼓面上，进一步通过清扫时，这些残留的着色剂就会被刷掉。

第二节　激光打印机的维护

一、正确使用激光打印机

1. 大部分激光打印机使用可更换的墨盒，墨盒内部不但装有新墨粉，还有新的硒鼓和显影轧辊。更换墨盒时，大多数主要部件也随之更换，这一点与复印机类似。由于使用可更换墨盒，因此一般不需要专门的维护人员对机械部件进行调整。

2. 激光打印机最常见的故障是卡纸。遇到这种故障，控制板上指示灯会发亮，并向计算机返回一个报警信号。排除这种故障只需打开打印机盖，取下被卡的纸张即可。但要注意，必须按进纸方向取纸，不可逆着进纸方向或者反向转动任何旋钮。如果经常卡纸，就应检查进纸通道，纸的前部边缘应该刚好在金属板的上部。有些激光打印机当纸张在盛纸盘内位置过低时也会卡纸。

3. 厂家列出的特性能反映出墨盒的可能使用期限。早期激光打印机墨粉盒的寿命为3000页，现在新产的打印机墨粉盒的寿命长得多。有时，打印纸上的字迹会模糊不清，这种情况可能是由两种原因造成。一是墨粉快要用完了，此时可加相同型号的墨粉或更换硒鼓，二是硒鼓上的感光材料快要失效了，此时只能更换硒鼓。当然，也可用非常规方法修复硒鼓，但打印效果要差很多，且寿命也不长。一般激光打印机装有指示灯，会表明是何种原因引起的。

4. 如果给用完后的墨粉盒装入新的墨粉，可在墨盒上用电烙铁烫出两个小洞，其中一个用于装入新墨粉，另一个用于倒出已用过的墨粉。新墨粉装好后，要用蜡或粘胶带将口子封住。当然，也可通过其他方法加墨粉，如拔插销等。多数激光打印机的墨粉都不通用，因此，更换的墨粉型号最好和原装墨粉的型号相同。如果选型不当，墨粉就粘在轧辊上，引发其他故障。原装墨粉盒应有一个新的定影轧辊清扫器，旧清扫器上的残渣将会影响清扫功能，并且其润滑油也用完了。因此若要更换墨粉盒，一定要同时更换清扫器和轧辊。

5. 激光打印机所用的纸张与复印机用纸完全通用。现在有专用激光打印纸出售，这类纸表面涂有一层增白剂，能使打印的墨粉紧贴在纸面上。用这种纸可获得更好的打印效果。不要选太光滑或表面有纹路的纸张，这类纸张虽不损坏打印机，但清晰度差，不能获得满意的效果。

6. 激光打印机内部电晕丝上电压高达 6kV，不要随便接触，以免造成人身伤害。大多数激光打印机上都装有一些安全开关，还有不少保险丝和自动电路保护装置，以便对一些重要的部件进行保护。如 HP 33440 型激光打印机装有热敏保护器，当定影轧辊温度过高时会自动关机。定影轧辊在打印机出纸通道的尽头，正常操作时，不可触及轧辊，以免烫伤。

7. 打印机中的激光也具有危险性，激光束能伤害眼睛。当正常运转时，切不可用眼睛朝打印机内部窥看。

8. 机器出故障时，通常会反映在打印的材料上，如打印字迹变淡，稿纸出现污点、脏印迹等，用户可以从这些迹象中判断打印机有何故障。

二、激光打印机的维护

（一）保存打印碳粉盒

在不准备使用打印碳粉盒时，切勿将其从包装中取出。打印碳粉盒在未拆封状态下的保存期约为 2.5 年。开封的打印碳粉盒保存期限大约为 6 个月。为防止损坏打印碳粉盒，尽量缩短将其暴露在直射光线下的时间。

（二）打印碳粉盒使用寿命

打印碳粉盒的使用寿命取决于打印作业所需要的碳粉量。在 letter/A4 打印纸张上打印时，每个打印碳粉盒平均可打印 2000 页。在 EconoMode（经济模式）下，打印机在每一页上使用的碳粉较少，选择此选项将延长打印碳粉盒的使用寿命，并降低每页的成本，但会降低打印质量。

（三）更换打印碳粉盒

1. 打开打印碳粉盒端盖，取出旧打印碳粉盒。

2. 从包装中取出新打印碳粉盒并轻轻地左右摇晃，使碳粉在打印碳粉盒内部分布均匀。

3. 向外拉压片，直到将整条胶带从打印碳粉盒中拉出，将压片放在打印碳粉盒包装盒中，以备回收。

4. 将打印碳粉盒插入打印机，确保打印碳粉盒放置到位，关闭打印碳粉盒端盖。如果碳粉落到衣服上。用一块干布将它擦掉，然后在冷水中清洗衣服，热水会使碳粉融入织物中。

（四）碳粉盒的再生利用

激光打印机在使用过程中若停止工作，并在显示器屏上显示"16 TONER LOW"时，则表示碳粉盒已无碳粉，应该添加碳粉。这时，若将储存在收碳粉盒内的废碳粉重新加入碳粉盒，还可以打印 600 多份 A4 稿纸。其碳粉盒拆卸安装步骤如下：

1. 拆下碳粉盒外壳。碳粉盒的左右两侧各有两个定位销，用改锥从里侧把定位销稍稍用力向外顶，拨下定位销，卸下外壳；

2. 这时可以看见碳粉盒左右两侧各有一个拉紧弹簧，碳粉盒和收碳粉盒即可分开；

3. 将收碳粉盒上的显影电阻丝架轻轻抬起抽下来，卸下收碳粉盒密封铁板上的两里颗螺丝，打开收碳粉盒；

4. 转动齿轮，将收碳粉盒里的碳粉全部倒出来；

5. 把碳粉盒侧面的白色塑料盖拔下来，将收集的碳粉倒入碳粉盒，然后按相反的顺序把碳粉盒安装好，激光打印机即恢复正常。

（五）清洁打印机

必要时，使用干净、沾湿的软布清洁打印机外部。切勿使用氨基清洁剂清洁打印机及其四周。

在打印过程中，介质、碳粉和灰尘颗粒都可能在打印机内部积聚。随着时间的推移，这些积聚物会引起打印质量问题，如碳粉斑点污迹或涂污。要纠正和避免此类问题，可以清洁打印碳粉盒区域和打印机介质通道。

1. 清洁打印碳粉盒区域

不需要经常清洁打印碳粉盒区域，但是，清洁此区域可以提高打印页的质量。

（1）拔下电源线，等待打印机冷却。

（2）打开打印碳粉盒端盖，取出打印碳粉盒。为了防止打印碳粉盒受到损坏，应将它置于阴暗处。必要时盖住打印碳粉盒。另外，不要触碰打印机内的黑色海绵传送滚筒。这样做会损坏打印机。

（3）用一块干燥的无绒布擦去介质通道区域和打印碳粉盒凹陷处中的残留物。

（4）重新安装打印碳粉盒，并关闭打印碳粉盒端盖。

（5）将电源线重新插到打印机上。

2. 清洁打印机介质通道

如果打印输出上有碳粉斑点或污点，可以使用清洁工具，取出可能积聚在热熔器组件和滚筒上的多余介质和碳粉粒。清洁介质通道可以延长打印机的使用寿命。

(1) 确保打印机处于空闲状态且"就绪"指示灯亮。
(2) 将介质装入进纸盘。
(3) 访问 HP 工具箱。单击故障排除选项卡，并单击打印质量工具，选择清洁页。此清洁过程大约需要两分钟时间，清洁期间清洁页会不时停止。在清洁过程完成前，不要关闭打印机。

第三节　激光打印机使用训练

一、训练目的

1．了解纸张和其他介质的打印。
2．掌握激光打印机的使用。

二、器材

HP LaserJet 1010 激光打印机。

三、训练内容

（一）选择纸张和其他介质

打印机可以在各种介质上打印，如打印纸、信封、标签、幻灯片和自定义尺寸的介质。本打印机能支持的介质尺寸如下。

最小：76×127 毫米（3×5 英寸）
最大：216×356 毫米（8.5×14 英寸）

要获得最佳打印质量，需使用激光打印机专用优质介质。诸如重量、纹理、含水量之类的属性是影响打印机性能和打印质量的重要因素。

1．避免使用的介质
使用超出打印机规格的介质，会导致打印质量降低，并增加卡纸的可能性。
（1）不要使用过于粗糙的纸张。
（2）除标准的 3 孔打孔纸以外，不要使用其他带有开口或穿孔的纸张。
（3）不要使用多联表单。
（4）如果打印实心图案，不要使用带有水印的纸张。

2．可能损坏打印机的介质
在极少数的情况下，介质可能损坏打印机，因此必须避免使用以下介质，以防止损坏打印机。

（1）不要使用带有订书钉的介质。

（2）不要使用喷墨打印机或其他低温打印机专用的幻灯片。只能使用 HP LaserJet 打印机专门的幻灯片。

（3）不要使用喷墨打印机专用相纸。

（4）不要使用带有凸饰或涂层的纸张，也不要使用并非设计用于打印机图像加热组件的纸张。 选择可以承受 0.1 秒 2000°C（3920°F）高温的介质。

（5）不要使用带有低温染料或采用热写法的信头纸。预打印表单或信头纸必须使用可以承受 0.1 秒 200°C（3920°F）高温的油墨。

（6）不要使用任何会产生有害释放物的介质，也不要使用在 0.1 秒 2000°C（3920°F）温度下会熔化、变形或褪色的介质。

（二）装入介质

1．主进纸盘

主进纸盘最多可以容纳150页20磅纸张或较少页重磅介质（25 毫米或更薄的介质叠），装入介质时顶端在前，打印面向上。为了防止卡纸和歪斜，务必调整介质导板。

2．优先进纸盘

优先进纸盘最多可容纳 10 页 20 磅的纸，或者一个信封、幻灯片或卡片。装入介质时顶端在前，打印面向上。为了防止卡纸和歪斜，务必调整侧介质导板。但要注意，不能将褶皱、折叠或有任何损坏的介质进行打印，否则可能出现卡纸。

3．特殊类型介质的装入

（1）幻灯片和标签：装入幻灯片和标签时，顶端在前，打印面向上。

（2）信封：装入信封时，带邮票的窄端在前，打印面向上。

（3）信头纸或预先打印的表单：装入时顶端在前、打印面向上。

（4）卡片和自定义尺寸介质：装入时窄端在前、打印面向上。

（三）几种特殊介质的打印

1．在幻灯片或标签上打印

用于激光打印机的投影胶片和标签要选择能适用本机的胶片和标签，具体操作如下。

（1）在优先进纸盘中装入单页纸或在主进纸盘中装入多页纸，确保介质的顶边在前且要打印的面（粗糙面）朝上。

（2）调整介质导板。

（3）访问打印机属性或在 Windows 2000 和 XP 中访问打印首选项。在纸张/质量选项卡或纸张选项卡上，选择正确的介质类型。

（4）打印文档。 打印完成后为防止打印介质粘在一起，应从打印机中取出介质，并将打印好的页放在一个平整的台面上。

2．在信封上打印

若打印一个信封，可使用优先进纸盘打印单个信封，仅使用推荐用于激光打印机的信封。具体操作如下。

（1）装入信封之前，向外滑动介质导板，使其略宽于信封。如果信封的短边有封舌，首先应把此边装入打印机。

（2）装入信封时应将打印面朝上，并使顶边紧靠左介质导板。

（3）将介质导板调整到适合信封的长度和宽度。

（4）访问打印机属性或在 Windows 2000 和 XP 中访问打印首选项，在纸张/质量选项卡或纸张选项卡上，选择信封作为介质类型。

若打印多个信封，可使用主进纸盘打印多个信封，仅使用推荐用于激光打印机的信封。

（1）开进纸盘盖。

（2）装入信封之前，向外滑动介质导板，使其略宽于信封。

（3）装入信封时应将打印面朝上，并使顶边紧靠左介质导板。最多可送入 15 个信封。如果信封的短边有封舌，首先应把此边装入打印机。

（4）将介质导板调整到适合信封的长度和宽度。

（5）访问打印机属性或在 Windows 2000 和 XP 中访问打印首选项，在纸张/质量选项卡或纸张选项卡上，选择信封作为介质类型。

（6）关闭进纸盘盖。

3．打印信头纸和预先打印的表单

（1）装入纸张时，应使纸张的顶边在前、打印面朝上。根据纸张宽度调整介质导板。

（2）打印文档。要在信头纸上打印单张信函首页，并随后打印多页文档，须在优先进纸盘中装入信头纸，在主进纸盘中装入标准纸张。打印机首先自动打印优先进纸盘中的纸张。

4．在自定义尺寸的介质和卡片纸上打印

打印机可在介于 76×127 毫米（3×5 英寸）和 216×356 毫米（8.5×14 英寸）之间自定义尺寸的介质或卡片纸上进行打印。优先进纸盘至多可打印 10 页介质，具体页数取决于介质。使用主进纸盘打印多页介质。

具体打印步骤如下。

（1）装入介质时，应使其窄边在前且要打印的面朝上，调整介质导板的侧面和后面，使其与介质相符。

（2）访问打印机属性或在 Windows 2000 和 XP 中访问打印首选项。在纸张/质量选项卡或纸张选项卡上，选择自定义尺寸选项，指定自定义尺寸介质的尺寸。有些打印机功能在某些驱动程序或操作系统上不可用。

（3）打印文档。

（四）几种特殊方式的打印

1．打印水印

可以使用水印选项在现有文档的"下面"（在背景中）打印文本。例如，想在文档的第一页或所有页上对角打印灰色的大号字：草稿或保密。打印水印设置步骤如下。

（1）访问打印机属性或在 Windows 2000 和 XP 中访问打印首选项。

（2）在完成选项卡（某些打印机驱动程序中为水印/覆盖选项卡）上，选择需要使用的水印。

2．在一张纸上打印多页

可以选择要在单张纸上打印的页数。如果选择每张纸上打印多个页面，这些页面外观会变小并按照其打印的顺序排列在纸上。在单张纸上打印多页的操作如下。

（1）访问打印机属性或在 Windows 2000 和 XP 中访问打印首选项。

（2）在完成选项卡上，选择每张纸上打印的页数。

（3）此外，还有一个用于选择页面边框的复选框、一个用于指定页面在纸张上打印顺序的下拉菜单。

3．双面打印（手动双面打印）

要进行双面打印（手动双面打印），必须让打印纸从打印机中过两次。手动双面打印操作如下。

（1）访问打印机属性或在 Windows 2000 和 XP 中访问打印首选项。

（2）在完成选项卡上，选择双面打印的选项，选择合适的装订选项，并单击确定，打印文档。

4．打印小册子

可以在 letter、legal、executive 或 A4 纸上打印小册子。具体操作如下。

（1）将纸张装入主进纸盘。

（2）访问打印机属性或在 Windows 2000 和 XP 中访问打印首选项。

（3）在完成选项卡上，选择双面打印的选项，选择合适的装订选项，并单击确定，打印文档。

（五）取消打印作业

要取消打印作业，可按下并松开打印机控制面板上的取消作业按钮。

如果取消一个打印作业后控制面板上的状态指示灯继续闪烁，说明计算机仍然在向打印机发送作业。可以从打印队列删除此作业，或者等到计算机完成发送数据，打印机将返回到"就绪"状态。

【思考题】

1．激光打印机的工作过程是什么？
2．如何选择打印介质？
3．如何进行打印机？
4．如何取消打印作业？
5．各种介质的打印技巧是什么？

第六章 刻录机

刻录机是现代科学技术发展的产物,由于刻录机向用户提供了标准用户界面,使得制作任何种类的介质都易如反掌。它可用来制作CD、DDCD(双密度CD)、DVD(ISO),因此深受用户欢喜。

第一节 刻录机的技术指标和维护

一、刻录机的技术指标

1. **读写速度**。读写速度是标志光盘刻录机性能的主要技术指标,包括数据的写入速度、复写速度和数据的读取传输率,理论上速度越快性能就越好。

刻录机的速度有写速度、复写速度和读速度三种。写速度就是在刻录软件中刻录CD-R的刻录速度,复写速度就是CD-RW的擦写速度,读速度等同于光驱的读速度。刻录速度从单倍速开始历经2×、4×、6×、8×、10×、12×、16×、20×、24×、32×、40×、44×、48×、52×倍速的发展过程。同一台刻录机的复写速度低于刻录速度。刻录机的读取速度一般不作为重要指标来评判。大多数机型的速度指标可从型号来区分,早期低速机型有三组数字,分别表示刻速度、擦写速度和读速度,如Acer8432。高速机型一般用两组数字表示刻速度和擦写速度,如"明基5232P"和"PLE×TOR P×W5232TA"都是52×刻写/32×擦写,而"华硕CRW-5224A-U"则是52×刻写/24×擦写。但也有一些型号的命名与速度没有直接关系,如"理光MP7520A"是52×刻写/24×擦写。

2. **缓存容量**。缓存容量的大小是衡量光盘刻录机性能的重要技术指标之一,刻录时数据必须先写入缓存,刻录软件再从缓存区调用要刻录的数据,在刻录的同时后续的数据再写入缓存中,以保持要写入数据良好的组织和连续传输。如果后续数据没有及时写入缓冲区,传输的中断则将导致刻录失败。因而缓冲的容量越大,刻录的成功率就越高。

市场上的光盘刻录机的缓存容量一般在512KB~2MB之间,最大的有8M缓存的产品,建议选择缓存容量较大的产品,尤其对于IDE接口的刻录机,缓存容量很重要。

3. **接口方式**。光盘刻录机按接口方式分,内置的有SCSI接口和IDE接口,外置的有SCSI、并口以及目前最新的USB接口等。

4. **盘片兼容性**。盘片是刻录数据的载体,包括CD—R和CD—RW盘片。CD—R盘片根据介质层分为金碟、绿碟、蓝碟和白金碟等几种。好的刻录机对各类碟片都应有好的兼容性,即不择盘。

5. 噪声、发热量、刻录稳定性和寿命。激光头以及高速旋转的机械部件都必然产生热量、噪声和震动,通常,这些不利因素不会导致不良后果。一般情况下,性能较差的刻录机和光驱会有较大的噪声或发热量,这将影响刻录质量与稳定性,即震动会影响刻录数据的可靠性,热量会使盘片产生热塑变形,二者也都会影响刻录机的寿命。

6. 其他。衡量一台刻录机的性能还包括许多方面。比如是否支持AudioCD、PhotoCD、CD—I、CD—ExTRA等多种光碟格式,是否支持DAO(Disk—At—One)、TAO(TrackAtOnce)、MS(Multi—Session)、PACKETWEITING等多种刻录方式,是否使用FlashROM,以方便更新Firmware版本等。

二、刻录机常见的术语

1. 缓冲区。内置于CD-ROM或刻录机的内存,用于临时存储信息。

2. 缓冲区数据不足。刻录机的内部缓冲区出现数据流中断时,就会导致缓冲区数据不足。这种情况可能是由于软件故障而引起的,也可能是硬件本身的故障造成的。在刻录时,要求数据要连续不断地送入刻录机的缓冲区,以保持数据流的稳定。如果稳定的数据流因故中断,就会导致缓冲区数据不足,同时光盘也就报废了。

3. 缓存。快速中间或缓冲区内存,应用于计算机系统中许多不同方面。使用Nero时,缓存用于从无法以足够快的速度访问的驱动器中将文件存储在缓冲区中,以确保写入过程连续进行,不会中断。

4. CD—DA(扩展名为.CDA)。"Compact Disc—Digital Audio(光盘—数字音频)"的首字母缩写,这是音乐CD的第一种标准。音乐CD由多条音轨组成,一般情况下,一条音轨对应于一首歌曲,每条音轨另外细分为扇区。

5. CD—Extra/增强型音乐CD。CD Extra是音乐CD的最新标准,并且带有多媒体组件,这种格式的光盘总是有两个区段,第一个区段只包含纯音乐数据,可在音乐CD播放机上播放,而第二个区段包含任意格式的计算机数据。这种格式将音乐和数据放在了同一张CD上,先刻录音乐,数据刻录在第二个区段中。

6. CD—I。它的意思是"Compact Disc Interactive(交互式光盘)"。此格式被视为多媒体CD,它混合了视频、数据和音频。这种类型的CD只能在CD—I播放机或"支持CD—I"的CD-ROM驱动器中播放。

7. CD—R。"Compact Disc—Recordable(光盘—可刻录)"的首字母缩写。CDR(可刻录)介质所采用的技术。

8. CD—ROM。"Compact Disc—Read Only Memory(光盘—只读存储器)"的缩写。计算机可读取的不同类型的数据(例如,程序、文本、图像数据或声音)可以采用这种CD

格式来存储。

9. 数字化。模拟信号转换为数字信号。

10. 光盘一次刻录（DAO）。在这种模式下，所有轨道都在一次过程中写入到光盘，其间不关闭激光。这种格式最适用于要使用家庭或车载立体声设备来播放的音乐 CD。

11. 光盘映像。此过程可用于系统性能有问题时或没有刻录机时。如果选择光盘映像选项，它会获取所要复制的文件并将它临时放在硬盘上，它会从该映像中建立文件。在制作光盘映像时，需要用一定数量的驱动器空间来执行此功能。

12. DVD。"Digital Versatile Disc（数字通用光盘）"或"Digital Video Disc（数字视频光盘）"的首字母缩写。

13. DVD—R。DVD 最初为人所知是由于它在电影和游戏市场上的特定用途，现在，都可以将数据和家庭录像刻录成所有 DVD-ROM 都能够播放的 DVD 光盘。这种光盘的优势在于它可以存储的数据量远远超出了普通的 CD—R/RW。DVDR 是不可擦写格式，与多数 DVD—ROM 驱动器和 DVD 播放机都兼容。

14. DVD—RAM。这是可擦写介质的另一形式，但它与多数 DVD—ROM 驱动器和 DVD 播放机都不兼容。它的最初设计意图是：用户能够像使用软盘一样复制和删除其中的文件。

15. DVD—RW。"DVD ReWriteable（可擦写 DVD）"的首字母缩写词。DVD—RW 光盘是可擦写的，执行的功能与 DVD—R 相同，但与各种 DVD—ROM 和 DVD 播放机的兼容性稍差。

16. DVD＋R/RW。Hewlett-Packard、Mitsubishi Chemical、Philips、Ricoh、Sony 和 Yamaha 联合开发的一种可擦写和不可擦写格式。这种可擦写格式可提供与现有 DVD 视频播放机和 DVD—ROM 驱动器完全且直接的兼容性，可用于许多 PC 和娱乐软件应用程序的实时视频刻录和随机数据刻录。

17. EDC/ ECC。错误检测码/错误纠正码。此方法的作用是识别和纠正扫描错误，CD 表面的划痕或灰尘可能会导致这样的错误。

18. MP3 文件（扩展名为.MP3）。MP3 音频格式已经成为了在 Internet 上传输音频文件最常用的格式。MP3 代表"MPEG—1 音频层 3"。使用 MP3，音频文件可以缩小（或压缩）到其原大小的一小部分（10 分之 1），而音质不受影响。

19. MPEG。"Motion Picture E×perts Group（运动图像专家组）"的首字母缩写，是为 SVCD 和 VCD 这样的高度压缩的视频制订的标准。

20. 飞盘。将数据刻录到 CD—R 的方法。实现这一点有两种不同的方法。比较早的传统方法是：先将要刻录到 CD 的所有数据作为一个大文件存储到缓冲区中，这个文件被称为映像文件，然后再将映像文件从缓冲区中复制或刻录到 CDR。与此相对的是，被称为"飞盘"的方法则是直接将数据从其位于硬盘上的原始存储位置传输到 CD–R。使用 Nero 时，这种情况会用到所谓的编辑，它是一个小文件，只交叉引用要传输的数据。

三、使用刻录机中常见问题

1. 常见的"×"代表什么意思？

"×"是传输率倍数的意思，所谓的几倍速则是和第一代的 CD—ROM 或是 DVD—ROM 相比。例如一台 8×/4×/24× 的 CD—RW 刻录机，其 CD—R（CD 写入）的传输率就是原始的 CD—ROM 光碟机 150—kbps 的 8 倍速，即每秒 1.2MB；CD—RW（CD 抹写或复写）速度为 4 倍速，即每秒 600KB，而 CD—ROM（CD 只读）速度为 24 倍速，即每秒 3.6M。而音乐 CD 则是以 1× 在播放。此外，6× 的 DVD—ROM 光驱则是以 DVD—ROM 原始规格每秒 1.385MB 的 6 倍传输率运作，也就是 8.03MBps，但是 1× 就足以播放 DVD 电影了。

2. Nero 是否可以使用飞盘方式刻录和复制 CD？

Nero 可以使用飞盘方式复制 CD。

（1）在"新编辑"对话框中，单击"复制光盘"图标。

（2）选择"档案"菜单中的"复制光盘"项。

（3）在"复制选项"选项卡上，选中"直接对烧"复选框。选择本机 CD/DVD-ROM 驱动器作为源 CD 所在的驱动器。

3. 序列号已经输入，但无法打开 Nero，这是为什么？

可能是因为所使用的是 Nero 演示版，而它已经到期了。

4. 虽然速度测试和模拟都运行正确，但在刻录 CD 时却出现"主机适配器错误"或"排队失败"这样的 SCSI 出错信息，应该怎样做？

此问题可能是由于 SCSI 主机适配器与刻录机之间存在的通讯有障碍。如果 SCSI 主机适配器自己带有 BIOS（尤其是 Adaptec 2940/3940 或 2940UW），并且在控制器 BIOS 中（一般是通过在启动计算机时按 Ctrl+A 组合键）找到了以下选项，可以尝试为在刻录机的 SCSI ID（设备号）输入以下值（例如 ID no. 5）输入以下设置：5）。

- 初始同步协商：否
- 最大同步传输速率：5 或 10（前一值的一半）。

5. 如何避免"缓冲区数据不足"错误？

- 为避免出现这种问题需要注意以下几种情况。

（1）磁盘剩余空间少，应整理硬盘碎片。

（2）刻录 CD 时关闭所有其他程序，对于占用处理器时间或内存较多或访问硬盘频繁的程序，尤其要注意这一点。最好也关闭病毒扫描程序，因为这种程序可能正在后台运行，并且会扫描所有打开的文件。可以改用 Nero 集成的病毒扫描程序，以确保 CD 上没有病毒。

（3）如果使用的是笔记本计算机，一定要先从"控制面板"中关闭所有的节能功能（如关闭硬盘、降低处理器速度等），然后再开始刻录 CD。如果计算机在刻录时慢得几乎要停止，则必定会导致刻录过程失败。

(4) 如果对于正式刻录没有把握，可在刻录 CD 之前执行速度测试和模拟。

(5) 为稳妥起见，可先选择较低的刻录速度，然后才开始刻录。这样，刻录过程会持续较长时间，但可以最大程度的保证安全。

6. 为何使用模拟刻录成功，实际刻录却失败？

刻录机提供的"模拟刻录"和"刻录"命令的差别在于是否打出激光光束，而其他的操作都是完全相同的，也就是说，"模拟刻录"可以测试源光盘是否正常，硬盘转速是否够快，剩余磁盘空间是否足够等刻录环境的状况，但无法测试待刻录的盘片是否存在问题和刻录机的激光读写头功率与盘片是否匹配等等。有鉴于此，说明"模拟刻录"成功，而真正刻录失败，说明刻录机与空白盘片之间的兼容性不是很好，可以采用如下两种方法来重新试验一下。

(1) 降低刻录机的写入速度，或使用刻录机默认速度。

(2) 更换另外一个品牌的空白光盘进行刻录操作。出现此种现象的另外一个原因就是激光读写头功率衰减现象造成的，如果使用相同品牌的盘片刻录，在前一段时间内均正常，则很可能是因为读写头功率衰减。

7. 只能选择英语，无法选择其他语言。

Nero 支持 20 多种语言。如果"偏好设定">"语言"选项卡只列出了一种语言，可以重新安装带有所需语言设置的 Nero。

8. 安装 Nero 之后，计算机总出现意外现象，会是什么原因？

原因有两个方面。

(1) 除 Nero 之外，如果还安装了其他 CD 刻录软件，驱动程序可能会有冲突。

(2) 如果 PC 运行的是 Windows ME、NT 2000 或 XP，建议卸载其他 CD 刻录软件包。

9. 刻录的 CD 可在刻录机中读取，但不能在所有的 CD/DVD—ROM 驱动器中读取，这是为什么？

检查是否将数据刻录到了可擦写 CD—RW。因为这种可擦写 CD—RW 只能在刻录机中和新型的 MultiRead 兼容 CD/DVD—ROM 驱动器中读取 CD—RW。如果要确保的 CD 可在任何驱动器中读取，则使用 CD—R，而不要使用 CD—RW。

10. 使用 Nero 时，快速 SCSI CD/DVD-ROM 驱动器只能以相当慢的速度读取，这是为什么？

PC 中的 WinASPI 驱动程序层可能已过期。查看 SCSI 适配器制造商的网站上是否有新的 ASPI 或 Miniport 驱动程序。

11. 音轨间的 2 秒钟间隔很烦人，如何消除？

要制作音轨间没有间隔的音乐 CD，可按以下说明操作。

(1) 在编辑窗口中，选择不希望其前面有间隔的音轨，但是无法消除第一条音轨前面的 2 秒钟间隔，音乐 CD 播放器不会播放此间隔，因为 CD 总是从第一个间隔结束的位置开始播放。

(2)选择"编辑"菜单中的"属性"项,或者在编辑窗口中右击,然后从弹出的菜单中选择"属性"。

(3)屏幕上会出现一个对话框,可以在其中设置间隔的长度,即可以在此输入"0"作为间隔长度。

(4)单击"确定"按钮,保存设置并关闭对话框。

12.刻录的音乐 CD 有杂音(例如,噼啪声、嗡嗡声或沙沙声),这是为什么?

可能是由于所谓的音频抖动导致。读取音乐数据时,如果基础硬件发生问题,就会出现这样的结果。可以用以下的一种方法来解决干扰问题。

选择更慢地读取 CD;或如有可能,以 1 倍速读取;或选择 Nero 的抖动校正功能。如果无法以任何其他方式解决此问题,可使用更加合适的硬件来读取音乐数据。

13.Nero 检测不到 CD/DVD—ROM 驱可动器,应该怎样做?

要找到 CD/DVD—ROM 驱动器,Nero 需要有关驱动器的命令集、速度等方面的详细信息。"自动检测 CD/DVD—ROM 驱动器"命令用于检测这些参数。

14.如何解决刻录机无法读取光盘?

首先,检查刻录机的连接线和连接头,有时候这个问题是因为接触不良所致。接下来,也有可能是光学读/写头脏了,这时候可以用光驱专用清洁盘清一清。有时候这个问题是出自操作系统或软件,这时候最好重新安装正确的驱动程序、刻录工具软件,甚至必要时可能要重新安装操作系统。

15.为何在放入光盘时,计算机出现令人讨厌的蓝屏?

这可能只是光盘脏了,如果是这个问题,只要用一块干净的布擦干净就好了,但也有可能是光盘有刮痕,这时候就需要光盘的修理工具,基本上就是用干净的液态涂料把刮痕补好,这可能也有效。如果成功地修理好光盘了,要赶紧将这块光盘上的资料复制到硬盘上,重新再刻录一片新的资料。但是如果光盘让太阳给晒得变形了,那就没办法恢复光盘的资料了。此外,蓝屏的出现也可能表示光驱使用年限将至,该换一台了。

四、刻录机的保养

刻录机实际上就是光驱的一种,所以寿命也和光驱一样,不会太长,基本上也就两年左右的寿命。可是对于我们使用者来说,任何一个产品都希望能够尽可能的多用上一段时间,以发挥它的最大能量。于是这就牵涉一个如何保养刻录机的问题。那么如何才能做到让自己的刻录机尽可能为自己多工作上一段时间呢?

1.要时刻保持刻录机的清洁。这一点不仅仅是对刻录机,对于所有的光驱产品来说也都是同样的,不过由于刻录机具有将数据写入光盘的功能,因而其本身的清洁程度就显得愈发的重要,如果在光头上存在有灰尘的话,那么刻录失败的可能性就会大大的增加,而这对于刻录机本身来说也是没有任何的好处,所以还要记住一定不要频繁的将刻录机的托盘暴露在外，以免灰尘进入刻录机内部。

2. 尽量的不要让刻录机做一些读盘方面的工作，买刻录机的人一般都配了双光驱，因此还是让 CD—ROM 做它的本职工作吧，从而可以让刻录机专注于刻录工作，大大降低了刻录机的使用率，其寿命的提高就是必然的事情了。

3. 对刻录机来说，盘片的质量对其使用寿命的长短起着很关键的作用，如果平常所选择的大部分都是市场中那些廉价的劣质盘片，那么刻录机在工作的时候必定会有一些吃力，从而会造成刻录机的过度"疲劳"，所以刻录机的使用时间减少自然就是一件很正常的事情了。对于这个问题的解决方法其实还是很简单的，只要大家选择一个比较不错的品牌的刻录盘产品，并且一直用下去的话，就会发现刻录机的寿命会大大的延长，虽然在盘上多付出了一些资金，可是刻录机能多用上很长时间岂不是一件更好的事情。

4. 尽可能不要让刻录机连续工作。在一张光盘刻录完成之后从刻录机中取出的时候，光盘都是略微发热的，而如果连续刻录数张盘之后，刻录机以及刻录出来的盘片摸起来都会有些烫手，对于计算机配件来说，高温都不是一件什么好的事情，CPU、硬盘是这样，刻录机自然也是不例外的，所以大家在刻录的时候尽量不要让刻录机不间断的连续进行刻录工作，在工作过程当中时不时地让刻录机"休息"一下是绝对有好处的。

第二节　刻录机使用训练

一、训练目的

1. 了解刻录光盘的选择。
2. 掌握 Nero Express 6 软件的使用。

二、器材

联想刻录机。

三、训练内容

（一）制作数据光盘

1. 制作第一张数据光盘

（1）从项目选择页中选择"数据"＞"数据光盘"。如图 6-1 所示。

图 6-1 选择数据光盘

（2）在接下来出现的这个窗口中，可以准备开始给版式添加数据，以便刻录到光盘。如图 6-2 所示。

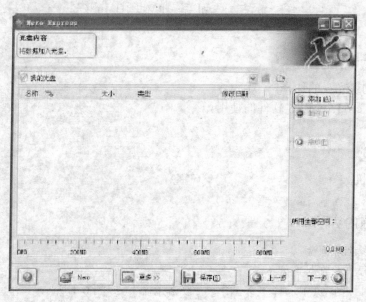

图 6-2 添加数据

（3）向版式窗口添加数据有三种非常简单的方法，可使此过程轻松快捷。

① 单击 按钮，选择要刻录的文件。屏幕上会出现一个外观与"Windows 资源管理器"非常相似的窗口，可以在其中选择要刻录和保存到光盘的文件。选择完文件后，请单击"添加"。

② 使用"Windows 资源管理器"添加数据。转到"开始"按钮（位于屏幕左下角）>"所有程序">"附件">"Windows 资源管理器"。

③ 使用"我的电脑" 添加数据。单击所要添加的图标，从窗口中将文件拖放到 Nero Express 6 版式中。

以上功能的选项将因选择的项目而异。当选择"数据"、"MP3"、"WMA"或"CD—Extra（音乐和数据）"等项目时，窗口外观如图 6-3 所示，还可以设置文件名的日期和时间。

图 6-3 选择"更多"

（4）添加完所有文件后单击"下一步"，准备好要刻录的光盘。先进行最终设置，然后再刻录光盘。如图 6-4 所示。

① 当前刻录机：看到与 PC 连接的受支持的刻录机，如果选择保存到硬盘驱动器，则会看到"映像档烧录器"。

② 光盘名称：选择光盘的标题。

③ 写入速度：选择所需要的刻录速度。

④ 刻录份数：选择要刻录的份数。

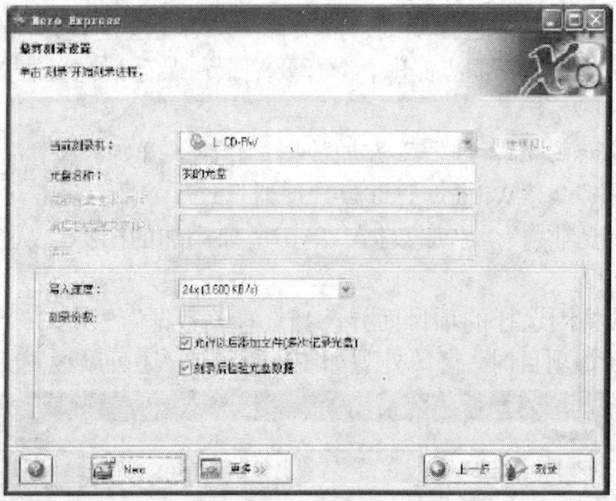

图 6-4 选择设置

准备好开始刻录时,单击"最终刻录设定"窗口中的"其他"按钮,屏幕上将会出现另外一个窗口,"其他"设置如图 6-5 所示。

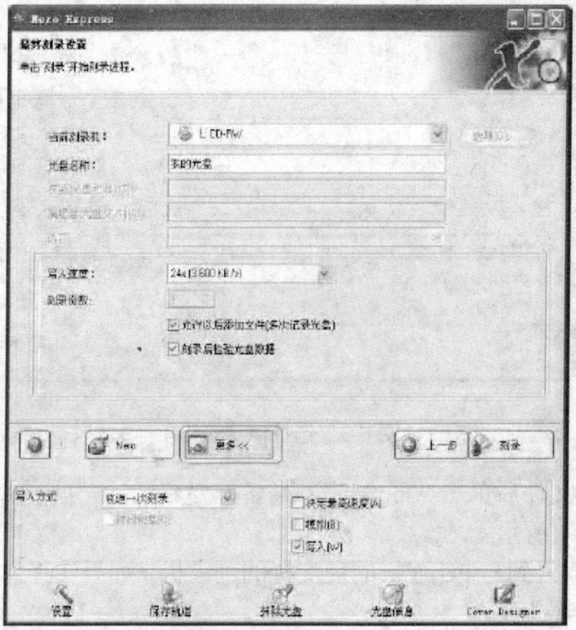

图 6-5 "其他"设置

① 轨道一次烧录使用此方法,每条轨道都会被单独写入到光盘。写入每条轨道后,写

入操作都会短暂中断。这就意味着可以像写入任何标准磁盘一样写入 CD—R 或 CD—RW。

② 光盘一次烧录：在这种模式下，所有轨道一次刻录到光盘，其间激光不关闭。这种格式最适合于使用家庭和车载立体声设备来播放的音乐 CD。

③ 封闭光盘：光盘将关闭，光盘终结之后，无法再向其中刻录其他数据或音频。

④ 消除*.cda 音轨尾部的静音：每条音轨在刻录时都会在结尾处有 2 秒钟的间隙。如果选中此选项，可消除这种静音。

（5）单击"烧录"按钮，开始刻录第一张数据光盘。这时将看到刻录过程的状态窗口。如图 6-6 所示。

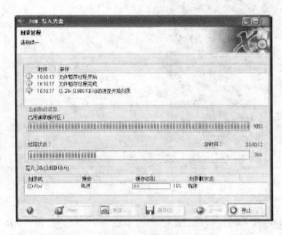

图 6-6　开始刻录

（6）刻录过程完成后，系统会通知刻录过程已成功完成。如图 6-7 所示。

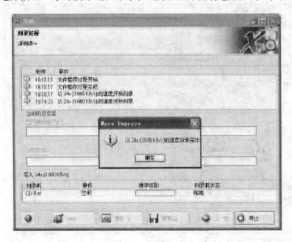

图 6-7　完成刻录

（7）如果在刻录完成后单击"确定",将会返回到刻录窗口。如果单击"下一步",则会转到如图 6-8 所示的窗口。

如果要再次刻录同一项目、开始另一项目、制作标签,或向当前光盘添加其他数据,均可在此窗口中完成。

图 6-8　继续其他操作

安装 Nero Express 6 SE 后将不能创建标签和封面,因为 Nero Cover Designer 不是该应用程序的一部分。如果希望使用 Nero Express 6 所提供的全部功能,可单击"升级"按钮,可将进入一个安全的在线商城,在那里可购得完全版的升级程序,如图 6-9 所示。

图 6-9　升级程序

2．可引导的数据光盘

制作一张可引导 CD，作为紧急启动和备份光盘。可引导 CD 只兼容 Windows 95/98、Windows ME、Windows 2000、NT 或 XP。

（1）选择刻录机，然后在"数据"下选择"可启动数据碟"，如图 6-10 所示。

图 6-10　选择"可启动数据碟"

（2）当看到"光盘内容"窗口，可以在其中添加文件。当利用可引导光盘来引导时，可以看到所有的文件和文件夹，图 6-11 所示。

图 6-11　添加文件

（3）单击"添加"按钮，选择用于可引导光盘的文件，完成添加所有文件后，单击"完成"，如图 6-12 所示。

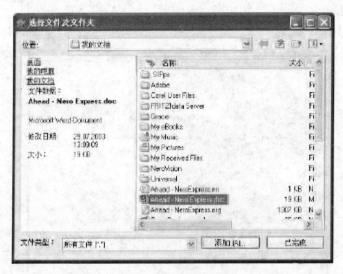

图 6-12　完成添加文件

（4）单击"下一步"，会弹出一个对话框，提示要插入引导软盘。制作可引导的数据光盘所需的信息将从这张引导软盘中读取，这些信息是实际允许系统从 CD 和/或 DVD 引导的系统文件，如图 6-13 所示。

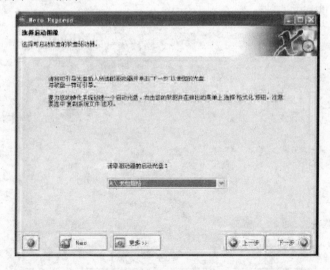

图 6-13　读取文件

第六章 刻录机

（5）如果已从引导软盘读取了文件，将会看到"最终刻录设定"窗口，如图 6-14 所示。

图 6-14 最终刻录设定

（6）单击"其他"按钮，将会看到其他光盘刻录选项。可以确定最大刻录速度，模拟刻录，或者直接刻录到光盘。当选择完毕并准备好开始刻录时，单击"烧录"按钮，如图 6-15 所示。

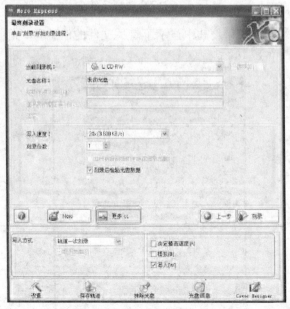

图 6-15 "其他"光盘刻录选项

3. 高级用户

如果要"隐藏"CD 上的文件，以另外增加安全性或保护，可在项目窗口中用鼠标右键单击文件，然后选择"属性"，如图 6-16 所示。

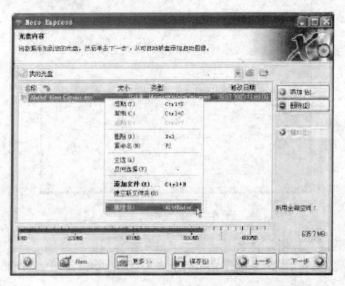

图 6-16　选择隐藏设置

屏幕上将出现另外一个窗口，其中显示了有关文件的信息和"隐藏"选项，选中该选项即可隐藏文件，如图 6-17 所示。

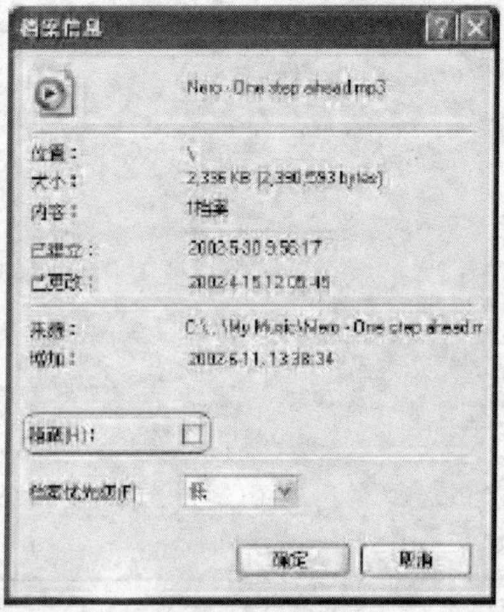

图 6-17　隐藏文件

（二）制作音乐光盘

1. 音乐光盘

利用刻录机可以刻录自己喜爱的音乐 CD，甚至还可以刻录成 MP3 以及 WMA 的光盘，这种光盘可以在家庭立体声设备或 PC 上可以播放。

音乐 CD 是包含音乐文件的 CD，它可以用任何普通 CD 播放机来播放。CD 上的歌曲必须是 CDA 格式，或者必须转换为这种格式。几乎所有的 CD 播放机都只能读取 CD—R，也就是说，不能使用可擦写 CD（CD—RW）。Nero 可以将音乐数据正确刻录到 CD—RW，但许多 CD 播放机会无法播放音轨。如果可能，应始终采用"光盘一次烧录"模式来刻录音乐 CD。这样可以最充分地利用 Nero 提供的功能，而且可以避免各条音轨之间出现令人不快的嘶嘶声和噼啪声。

另外，现在市面上流行很多 MP3 或 WMA 的音乐光盘，也可以通过 Nero 软件进行刻录。文件是什么音乐格式对 Nero 并没有影响，因为压缩的文件（例如，MP3、mp3PRO、WAV、VQF、WMA 或 AIF）在刻录前会自动转换，以便能够以 CDA 格式来刻录。但是，对这些文件进行解码会占用一定的时间，因此，刻录速度可能会受到 PC 的处理能力和计算进程的影响。

Nero 刻录音乐光盘提供了以下 4 种模式，用户可以根据自己的喜好进行选择，具体的操作类似于上一小节提到的数据光盘刻录的操作。

（1）音乐 CD。此种模式刻录出光盘可在任何普通 CD/VCD 播放机播放也可在 PC 机上播放，如图 6-18 所示。

图 6-18 选择"音乐光盘"

（2）制作既有音乐又有数据的光盘。此种模式刻录出的光盘，可以用家庭或车载立体声设备播放音乐,用 PC 查看数据文件。

(3) MP3。此种模式刻录出的光盘可在任何支持 MP3 播放的 CD/VCD 播放机播放,也可在 PC 机上播放。由于音乐格式较小,光盘可播放的时间会长于音乐 CD。

(4) WMA。此种模式刻录出的光盘可在任何支持 WMA 播放的 CD/VCD 播放机播放,也可在 PC 机上播放。由于音乐格式较小,光盘可播放的时间会长于音乐 CD。

2. 音乐光盘刻录高级属性

在音乐版式中选择音轨,然后单击"属性"按钮。将可以看到每个音乐文件的资源,并且可以更改和编辑该音轨。

规格化音乐文件。均衡所有音轨的级别(例如音量)。

音轨间无间隔。应用此选项时,所有要刻录到光盘的音轨都不会再在每首歌曲之后留有两秒钟的间隙。

(1)"轨道属性"选项卡:可以看到基本的轨道信息,还可以编辑音乐文件的属性,如图 6-19 所示。

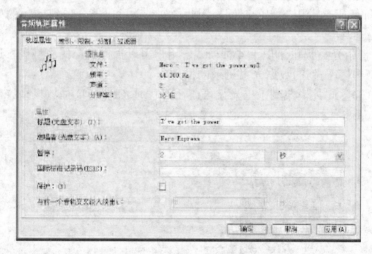

图 6-19 "轨道属性"选项卡

① 档案。MP3 文件的名称。
② 频率。音乐的立体声要求。
③ 声道。音乐的立体声要求。
④ 分辨率。音乐的立体声要求。
⑤ 专辑(CD—TExt)。歌曲的名称与艺术家的姓名将在立体声设备的 LCD 面板上显示,要求设备必须支持"CD 文字"。
⑥ 演唱者。可以在此输入歌曲演唱者的姓名。
⑦ 间隔。可以按秒或按帧来设置各首歌曲的间隔。

⑧ 国际标准记录码（ISRC）。国际公认的音乐识别码，其开发目的是识别所录制的声音和音乐视频。

⑨ 保护。应用此选项后，会给光盘添加保护，这样，以后就无法复制该光盘。

⑩ 与前一个音轨交叉淡入淡出。应用此选项后，音轨会混合到一起。可以指定各音轨间要混合的秒数。

（2）"CD EXTRA"选项卡：属于音轨的所有信息（包括语言首选项）均在此窗口中定义，如图6-20所示。

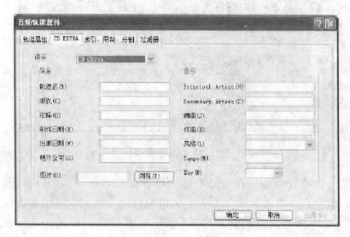

图6-20 "CD EXTRA"选项卡

（3）"索引、极限、分割"选项卡，如图6-21所示。

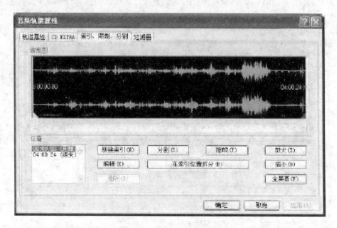

图6-21 "索引、极限、分割"选项卡

① 位置。定义音轨的开头和结尾。

② 新建索引。可以在歌曲内新建索引。利用这项功能，可以使用音频播放器在索引间跳转，以找到要查找的特定音频区域。在歌曲中选择一个区域，然后单击"新建索引"，如图 6-22 所示。

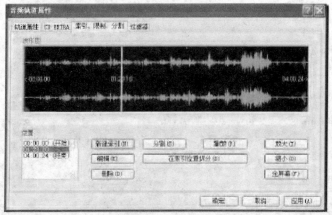

图 6-22　新建索引

在音轨中定义一个位置，然后在该处单击鼠标。单击"新建索引"按钮，然后此处会出现一个标记来标记这一点。如果希望非常精确，可以使用"放大"按钮来更仔细地查看音轨。

③ 分割。此功能可将歌曲分割到指定的区域中。选择歌曲中的一个区域，然后单击"分割"。例如，如果有一个现场音乐会的大型音频文件，其中包括 12 首歌曲，并且要将该音频分割为 12 条音轨，则可以使用此功能。然后，可以用 CD 播放机来播放该音频，每条音轨都会被标识为单独的歌曲，这样，就可以使用搜索功能来播放每条音轨，而不用听整个音乐文件，如图 6-23 所示。

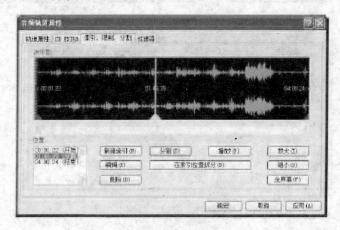

图 6-23　分割

在音轨中定义一个位置,然后在该处单击鼠标。单击"分割"按钮,该处会出现一个标记,用于标记这个位置。如果希望十分精确,可使用"放大"按钮来更加仔细地查看音轨,如图 6-24 所示。

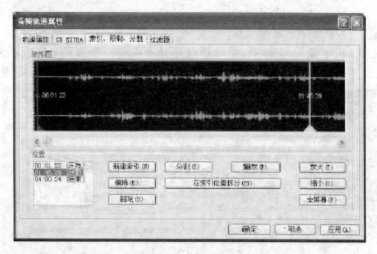

图 6-24 "分割"放大

④ 播放。要完整地播放歌曲或播放通过突出显示某个区域而选中的部分,单击"播放"。
⑤ 编辑。可以按分钟、秒或帧来编辑索引或分割标记。选择标记,然后单击"编辑",可以编辑音频文件的实际分钟、秒或帧。如图 6-25 所示。

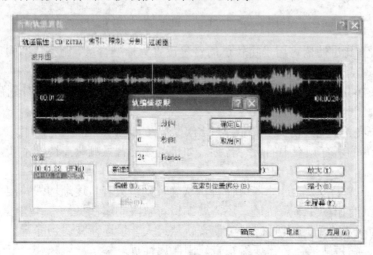

图 6-25 编辑

⑥ 删除。选择索引或者分割标记，然后单击"删除"，这样就可以删除定出的索引或分割标记。

⑦ 放大。细致查看歌曲的局部。

⑧ 缩小。从总体上查看歌曲。

⑨ 全屏幕。全屏查看歌曲。

(4)"Filter"（过滤器）选项卡：可以通过选择下面的一个或多个复选框来更改音乐效果。选择了过滤器后，可以通过选择"测试选中的 Filter"来测试效果，如图 6-26 所示。

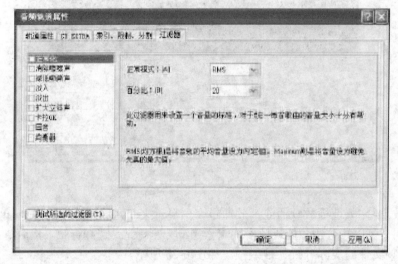

图 6-26 "Filter"（过滤器）选项卡

① 正常化。此过滤器可用于将轨道的音量设置为标准音量。调整从不同声音输入设备读取的多条轨道的音量十分有用。

② 消除嚓嚓声。此过滤器可用于消除"咔嗒/砰/噼啪"这样的声音，有划痕的旧 LP 就有这样的声音。

③ 减低嘶嘶声。此过滤器可降低某一给定声音的嘶嘶声程度。它将消除低于特定阈值（嘶嘶声程度）的所有频率中的所有音频。如果音频的背景嘶嘶声持续不断，则可以将其屏蔽或完全消除。

④ Fade In（淡入）。此过滤器可使音轨从静音到最大音量逐渐增强并混合音轨。这对于缩短音轨尤其有用。要缩短轨道，还需要编辑音轨限制属性页。

⑤ Fade Out（淡出）：此过滤器可使音轨从最大音量逐渐减弱到静音。它对于缩短音轨尤其有用。要缩短轨道，还需要编辑音轨限制属性页。

⑥ 扩大立体声。使用此过滤器，可以增强或减弱音轨的立体声效果。只有当原音轨是以立体声录制的时候，此过滤器才会有效。如果是单声道音轨，则效果不变。

⑦ 卡拉 OK。此过滤器可用于消除歌曲中的人声。它的作用方式是消除那些在左右立体声声道上相等的歌曲部分。

⑧ 回音。使用此过滤器，可以给音轨添加回音效果。

⑨ 均衡器。使用此过滤器，可以更改音轨中的频率、放大、低音和最高音。

（三）视频/图片

通过 NERO 提供的视频编辑刻录，可以方便的制作 VCD、SVCD，通过电视进行收看。超级 VCD（或称 SVCD）与 VCD 很相近，但这种格式使用名为 MPEG 的压缩标准来存储音频和数据。VCD 可在支持这种格式的多数家庭视频播放机上播放，使用相应的软件，也可在 CD ROM 和 DVD—ROM 播放机上播放。SVCD 光盘可在 DVD 播放机上播放，也可在装有 DVD-ROM 或 CD—ROM 驱动器的 PC 上使用可播放这种视频格式的软件来播放。

1．制作 VCD 或 SVCD

（1）从项目选择页中选择"视频"＞"Video CD"，若是刻录 SVCD 则选择"视频"＞"Super Video CD"，如图 6-27 所示。

图 6-27　选择制作 VCD 或 SVCD

（2）从接下来出现的这个窗口中中，可以准备开始向版式中添加数据，以便刻录到光盘，如图 6-28 所示。

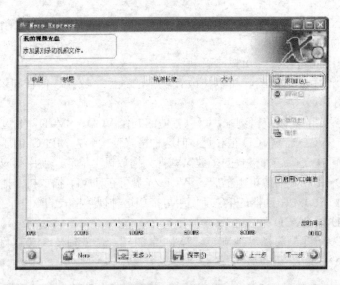

图 6-28　添加数据

（3）向版式窗口添加数据有三种非常简单的方法，可使此过程轻松快捷。

① 单击 [添加(A)] 按钮，选择要刻录的文件。屏幕上会出现一个外观与"Windows 资源管理器"十分相似的窗口，可以在其中选择要刻录并保存到光盘的文件。选择完文件后，单击"添加"。

② 使用"Windows 资源管理器"添加数据。转到"开始"按钮（位于屏幕左下角）>"所有程序">"附件">"Windows 资源管理器"。

③ 使用"我的电脑"添加数据。单击 [图标]，在此窗口中，可以将文件拖放到 Nero EXpress 6 版式中。

（4）添加完所有文件后，单击"下一步"，为该版式准备光盘。

在"我的视频 CD（VCD）"菜单中，通过可以单击版式、背景和文本按钮来更改菜单外观，如图 6-29 所示。

① 布局。可以更改缩略图并添加或删除页眉和页脚，如图 6-30 所示。

② 背景。给背景添加图像或颜色。还可以更改背景模式，以便设置拉伸、居中，等，如图 6-31 所示。

③ 文字。更改字型、字号，并输入页脚和页眉文本，如图 6-32 所示。

④ 显示全屏菜单。应用此选项后，可以将屏幕扩至最大。

⑤ 设为默认值。如果对创建的版式满意，可将刚才的设置保留为默认值。

（5）先进行最终设置，然后再刻录光盘，如图 6-33 所示。

（6）单击"烧录"按钮，第一张数据（VCD）光盘开始刻录了！在刻录进行时会看到刻录过程的状态窗口，如图 6-34 所示。

第六章 刻录机

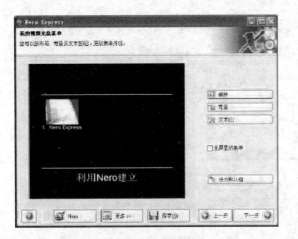

图 6-29 选择更改菜单外观

图 6-30 布局

图 6-31 选择背景

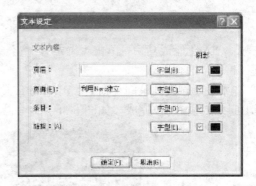

图 6-32 选择文字

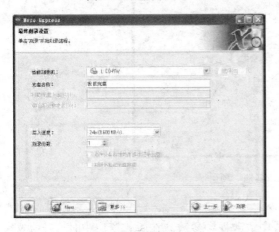

图 6-33 选择最终设置

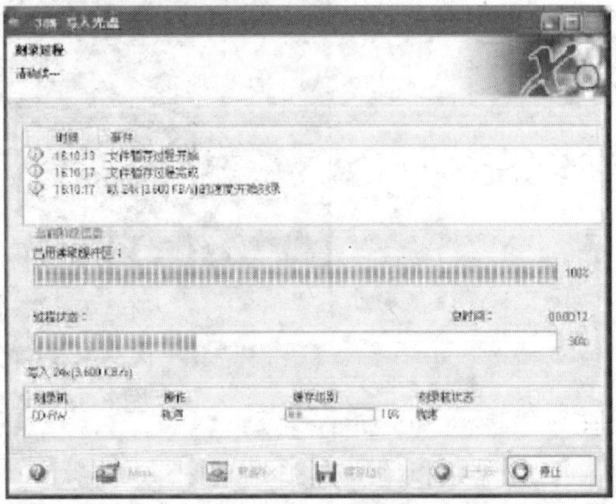

图 6-34 开始刻录

（7）刻录完成时，系统会通知刻录过程已成功完成，如图 6-35 所示。

图 6-35　刻录完成

（8）刻录成功后，单击"确定"，将会返回刻录窗口。单击"下一步"，前进到下面的窗口。

如果要再次刻录同一项目、开始另一项目、制作标签，或向当前光盘添加其他数据，均可以在此窗口中完成，如图 6-36 所示。

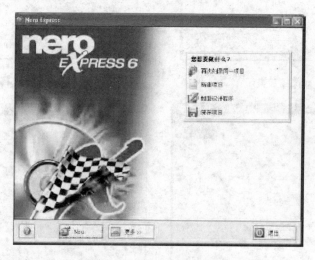

图 6-36　选择"其他"项目

2．视频和超级视频光盘刻录属性

可以在"视频"版式和"超级视频"版式中更改视频参数。在版式窗口中时，选择文件并单击"属性",如图 6-37 所示。

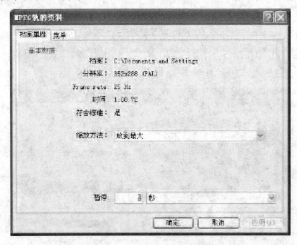

图 6-37 更改视频参数

(1) 缩放方法：缩放视频的大小时，可以选择"放到最大"、"缩放与修剪"或"缩放与配合"。

(2) 暂停：对于每个图片剪辑或视频，都可以选择是在它们之后不停地重播，直至用户停止程序，还是在轨道后设置暂停秒数。

(3) 选择图片用作缩略图：使用滑块可以逐帧移动视频。选择要用于代表缩略图的帧。如图 6-38 所示。

图 6-38 选择图片用作缩略图

(4)专辑:选择视频的标题。

(四)复制整张光盘

将整张光盘中的所有内容一点一点地复制到一张空白 CD。如果要备份光盘或制作副本供个人使用,可使用此功能来制作一份完全一样的副本。

1. 从项目选择页中选择"复制整个光盘",如图 6-39 所示。

图 6-39 选择复制整个光盘

2. 在接下来出现的这个窗口中,准备开始从光盘复制到光盘的过程。如果 PC 中有多个 CD-ROM 或 CD—R/RW 驱动器,使用下拉框选择要使用的驱动器,如图 6-40 所示。

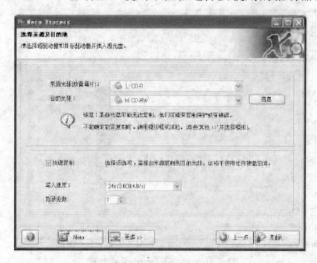

图 6-40 选择要使用的驱动器

(1) 来源光驱（放置母片）：这是要被复制的光盘所在的驱动器。
(2) 目的光驱：这是要被刻录的空白光盘所在的驱动器。
(3) 快速复制：如果要从源驱动器直接复制到目标驱动器，可选择此选项。这样将不使用硬盘空间。

如果选择"复制整个光盘"作为项目，选择"其他"按钮后，就会看到用于光盘的刻录选项，如图6-41所示。

图 6-41 光盘的刻录选项

(4) 决定最高速度：选中此选项后，软件会确定出最安全的最高光盘刻录速度。
(5) 模拟：选中此选项后，软件会模拟实际的光盘刻录，但不真的在其中写入数据。
(6) 写入：选中此选项后，软件将会立即刻录到光盘。

3．准备开始刻录吗？单击"烧录"按钮，光盘刻录开始了！将会先分析源盘，以检查光盘上的版权和错误。在刻录进行时会看到刻录过程的状态窗口，如图6-42所示。

4．刻录完成时，系统会通知刻录过程已成功完成，如图6-43所示。

5．刻录成功后，单击"确定"，将会返回刻录窗口。单击"下一步"，前进到下面的窗口。如果要再次刻录同一项目、开始另一项目、制作标签，或向当前光盘添加其他数据，均可以在此窗口中完成。

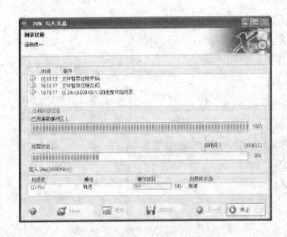 

图 6-42　开始刻录　　　　　　　图 6-43　刻录完成

（五）光盘映像或保存的项目

1．光盘映像或保存的项目

如果无法完成项目，或者要将它保存起来，以便刻录多份副本，可保存已做的工作，以后再打开。如果遇到源盘损坏或 PC 性能不佳等问题，还可以保存为光盘映像。光盘映像是将数据刻录到光盘最安全的方法。

2．利用光盘映像制作光盘

（1）从项目选择页中选择"光盘映像或保存项目"，如图 6-44 所示。

图 6-44　选择"光盘映像或保存项目"

（2）在接下来出现的这个窗口中，可以准备开始检索光盘映像或保存的项目，如图 6-45 所示。

图 6-45　检索光盘映像或保存的项目

（3）先进行最终设置，然后再刻录光盘，如图 6-46 所示。

图 6-46　选择最终设置

(4)单击"烧录"按钮,第一张数据光盘开始刻录了!在刻录进行时会看到刻录过程的状态窗口。

(5)刻录完成时,系统会通知刻录过程已成功完成。

(6)刻录成功后,单击"确定",将会返回到刻录窗口。单击"下一步",前进到下面的窗口。如果要再次刻录同一项目、开始另一项目、制作标签,或向当前光盘添加其他数据,均可以在此窗口中完成。

3.利用保存的项目制作光盘

(1)从项目选择页中选择"光盘映像或保存项目",如图6-47所示。

图6-47 选择"光盘映像或保存项目"

(2)在接下来出现的这个窗口中,可以准备检索光盘映像或保存的项目。选择要刻录的文件,然后单击"开启",如图6-48所示。

(3)保存的光盘映像或保存的项目中的文件将会显示出来,可以进行刻录,如图6-49所示。

(4)准备好之后,单击"下一步",准备好要刻录的光盘。先进行最终设置,然后再刻录光盘,如图6-50所示。

(5)单击"烧录"按钮,第一张数据光盘开始刻录了!在刻录进行时会看到刻录过程的状态窗口。

(6)刻录完成时,系统会通知刻录过程已成功完成。

(7)刻录成功后,单击"确定",将会返回到刻录窗口。单击"下一步",前进到下面的窗口。如果要再次刻录同一项目、开始另一项目、制作标签，或向当前光盘添加其他数据，均可以在此窗口中完成。

图 6-48　检索光盘映像或保存的项目

图 6-49　选择文件

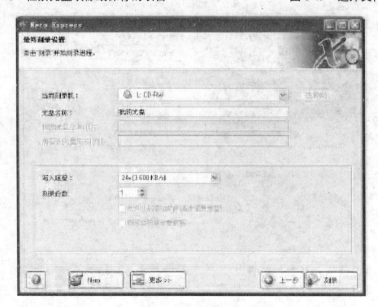

图 6-50　选择最终设置

（六）DVD 刻录机

1．DVD 光盘

如果有受支持的 DVD 刻录机，可使用与刻录 CD 相同的方法刻录 DVD 光盘。并不是 CD 现有的所有不同格式都有其 DVD 对应格式。因此，如果选择刻录 DVD，"项目选择"

页的外观会略有不同。可以选择刻录数据光盘、MP3 音乐光盘、WMA 音乐光盘，将现有的 DVD 视频文件刻录为 DVD 视频，复制整张 DVD，打开以前保存的项目，或刻录以前创建的 DVD 光盘映像。

若要利用视频文件（例如 AVI 等）制作 DVD 视频专辑，必须使用 NeroVision EXpress 6 这样的 DVD 制作工具。在 Nero EXpress 6 中，只能使用已经以视频 DVD 标准所要求的格式和文件结构存在的文件。

2．选择刻录机

如果 DVD 刻录机受支持并且已被检测到，则只需从"您要使用哪个刻录机？"的下拉框中选择该刻录机。有些 DVD 刻录机也可以刻录 CD。这些所谓的"复合型刻录机的"会在下拉菜单中列出两次，后面带有扩展信息"CD—R/RW"和"DVD"。要使用刻录机来刻录 DVD 光盘，则选择带有"DVD"扩展信息的条目。

如果没有 DVD 刻录机，可以使用"DVD 映像刻录机"来刻录 DVD 光盘映像。以后在有 DVD 刻录机时，可使用 Nero EXpress 6 打开这些映像并将它们刻录到 DVD，如图 6-51 所示。

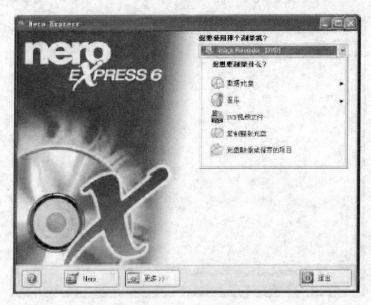

图 6-51　选择刻录机

如果选项中没有"映像档烧录器（DVD）"，则很可能是因为尚未激活该功能。单击"其他"按钮，然后单击"设定"，如图 6-52 所示。

在"进阶级属性"选项卡上靠下的位置，会看到一个名为"对所有支持刻录机格式启用镜像刻录机功能"的选项。选中此框，然后"映像档烧录器（DVD）"选项将会出现在"开始"屏幕上，如图 6-53 所示。

图 6-52 选择"设定"

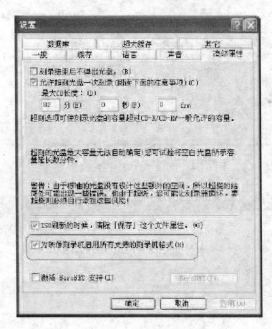

图 6-53 设置选项卡

3．制作 DVD 光盘

如果要制作数据光盘或音乐光盘，或者，如果要复制整张 DVD 光盘，步骤与制作 CD 是一样的。

4．利用 DVD 视频文件制作 DVD 视频光盘

在选择了 DVD 刻录机或 DVD 映像刻录机之后，"开始"菜单中会出现用于刻录 DVD 文件的选项。

（1）从项目选择页中选择"DVD-视频文件"，如图 6-54 所示。

（2）在接下来出现的这个窗口中，可以开始添加现有的 DVD 视频文件（扩展名为 .VOB、.IFO、.BUP 等）。为了确保 DVD 视频光盘运行正确，最好添加 VIDEO_TS 文件夹中的所有文件，如图 6-55 所示。

图 6-54 选择"DVD-视频文件"

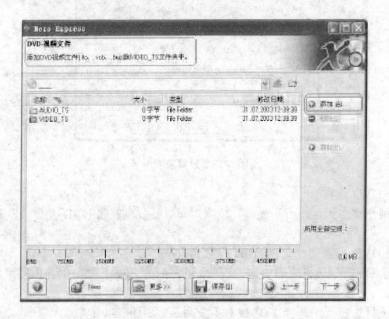

图 6-55 添加文件

(3) 准备好之后,单击"下一步",前进到下一窗口,以启动刻录过程。

在"最终刻录设定"窗口中,只能在 DVD 刻录机(如果有)和 DVD 映像刻录机之间来回变动，并只能在"光盘名称"下设置光盘标签。所有其他选项都会呈灰色显示，无法使用，如图 6-56 所示。

图 6-56 设置光盘标签

（4）单击"烧录"按钮，第一张数据（DVD—Video）光盘开始刻录了！在刻录进行时会看到刻录过程的状态窗口。

（5）刻录完成时，系统会通知刻录过程已成功完成。

（6）刻录成功后，单击"确定"按钮，将会返回刻录窗口。单击"下一步"，前进到下面的窗口。如果要再次刻录同一项目、开始另一项目、制作标签，或向当前光盘添加其他数据，均可以在此窗口中完成。

【思考题】

1．刻录机的技术指标和常见术语有哪些？
2．刻录光盘的是如何选择的？
3．如何使用数据光盘的刻录方法？
4．音乐光盘的刻录是怎么操作的？
5．如何进行光盘的复制？

第七章 复印机

复印技术是随着现代科学技术的发展而产生和发展起来的一门技术。它的诞生对人类文明起了一定的促进作用。静电复印机能够快速、准确、清晰地再现文件资料以及图样的原型,从而给人们的科研、生产和生活带来了极大的方便,其使用范围日益广泛。

1950年,美国施乐(Xeror)公司首次出售硒板静电复印机。它具有操作方法简便、时间快、成本低,对原稿的纸质无特别要求等优点,因此静电复印技术在半个世纪以来得到了迅速的发展,成为复印技术的主流。静电复印机已经成为全世界最广泛应用的一种复印机。

复印机的种类很多,有静电复印、彩色复印机、传真复印机、缩微胶片复印机(以各种缩微片为原件的复印机)、阅读复印机(既能阅读缩微胶片,又能从事少量复印的复印机)等。

第一节 复印机的基础知识

一、复印机工作状态的检查

(一)主机显示及工作状态的检查

新安装的机器在接通电源试运行之前,需认真检查机器各部分有无损伤或变形。然后拆下机器后挡板,检查各齿轮、皮带轮和链轮等是否处于正确位置,有无脱出现象。此外,发现有电线接头脱落或歪斜的也要重新插好。

插好电源插头后,打开机器电源开关,然后打开机器前门,机器应立即停止预热。有些复印机可用门开关压板顶住门开关,电源即可接通,继续预热。此时,应仔细倾听机内是否有异常噪音。

机器开始预热后,即可逐个检查复印机操作面板上的各项显示及动作:

1. 检查复印数字输入键是否正常,按下时应该出现复印数量显示。按下清除数字键应该使已设数字变为"1"。
2. 抽出纸盒,无纸盒或纸盒空时指示灯应点亮,相应的指示灯应同时变换。
3. 检查墨粉指示灯是否点亮(此灯在加粉前是亮的),加粉后仍亮,说明墨粉加少了,应再次补充。
4. 具有放大缩小功能的复印机,开机后原大复印指示灯(1:1指示灯)应点亮。分别按下放大、缩小等功能键后,指示灯也应分别变换到与放大、缩小相应的位置。有些复印机,按下放大、缩小等功能键后,指示灯即开始移动,有的则要等到按下复印开始键才开始移动。

5. 检查复印浓度调节杆或按键动作是否灵活,对于后者还应注意相应的指示灯有无变化。

6. 预热时间达到后,"可以复印"指示灯点亮。此灯一般是绿色的。也有些机器采用闪动灯表示正在预热,持续发光表明预热完毕,可以复印。还有的机器复印键由红变绿或预热信号灯熄灭,此时即可进行下一步试运行工作。

（二）主机的试运行

电源接通,预热完毕后,如果机器无其他异常显示及声音,即可进行复印。

首先将复印品质量测试板或一张较为清晰的原稿入在稿台玻璃上,盖好后即可按动复印开始键,复印一张,观察机器的显示。若无异常,即可将浓度调节杆放在蹭色调位置上,连续复印 20~30 页。观察这些复印品质量是否一致,色调是否适中,有无图像缺陷等。如果这些操作均正常,则可分别选取放大或比例缩小等功能,各复印数页,检查放大及缩小功能。

对于有多层纸盒供纸或设有手动供纸的机器,还需分别选用每一个纸盒进行复印,以检查纸路及搓纸轮的性能是否完好。

机器运行正常后,应装好后挡板和机器前门,擦拭机器表面,清扫工作现场,最后填写使用维修卡片,并附上一张复印品,这一点非常重要,但往往被用户所忽略。有了记录即可在将来维修机器时作为原始档案参考。

如果在试运行中发现异常现象,应立即按下复印停止键或断开机器总电源开关,然后按照维修指南进行相应的检修和调试,否则将会损坏机器内的某个部件。

（三）自动分页器的安装

自动分页器是将复印出的成品自动分成多份的装置。安装自动分页器的机器需配有合适的机台。分页器拆箱时是几个部件,并未完全连接起来,需要进行装配。

首先将分页器上的四只脚轮用螺钉固定好,将电源线及与主机的连线插头分别连接到电源插座和主机上。在主机的后部还需安装供给分页器电源的变压器和控制线路插口,将各接插件插好,然后将分页器与主机制连杆用螺钉固定在机器工作台下部。安装时,需要注意使分页器进纸口与主机出纸口保持约 5mm 的距离,最后将分页器下端的轴孔套在与主机连接的轴上,分页器即可以此为轴与主机靠拢或离开。打开主机及分页器电源开关,开始复印时,分页器应无分页动作,而是与接纸盘一样进行多页堆叠。当按下分页器分页按键复印时,分页器即会随每页纸的排出向上逐格移动,说明分页器已安装好。如果分页器反复卡纸,则应调整分页器与主机排纸口的距离,必要时还需将分页器或主机垫高一些,以使二者的进、出纸口相对应。

（四）自动进稿器（半自动进稿器）的安装

自动进稿器（ADF）与半自动进稿器（DF）的区别在于,前者可以在供稿盘放置 50

张原稿，自动搓稿装置可一页一页地自动送到稿台玻璃上，后者只能在供稿台上放一页原稿，送入后才可放另外一页，二者的原稿输送装置完全一样，只是供稿盘部分不大相同。

安装进稿器之前需抽出机器上原有的稿台盖板，取下稿台玻璃右边的固定条，取出稿台玻璃，在扫灯罩上安装静电消除刷，以消除掉原入输送带与稿台玻璃磨擦产生的电荷，防止原稿进入不畅。

将自动进稿器供稿盘或半自动进稿器供稿盘放在稿台右边合适位置上，并用固定螺钉紧固好。将自动进稿盖板插入原来稿台盖板孔中，并用导线将它与机身连接（接地），把电源线与控制线连接到主机相应的插件上。

安装完毕，盖好进稿盖板，按下自动进稿或半自动进稿键，指示灯亮，将原入放置在供稿盘上，便会自动开始复印。

进行自动进稿时，如果复印品总是歪斜的，则说明原稿进入时发生了偏差，一般是稿台玻璃或供稿盘没有调整好。检查复印完输送出来的原稿，即可发现原稿的某一角（一般是远侧）被折过，说明进稿时受到阻力。经检查可发现原稿行进时，边角碰到了稍突出的台的原稿尺寸刻度板。这时可旋松固定供稿台的两颗螺钉，将供稿台向与原稿尺寸刻度板相反的方向移动一些，从机器右侧观看，从供稿台原稿挡边应稍向内些。

二、复印纸的规格

（一）纸张幅面规格

纸张的规格是指纸张制成后，经毂修整切边，裁成一定的尺寸。过去是以多少"开"（例如 8 开或 16 开等）来表示纸张的大小，现在我国采用国际标准，规定以 A0、A1、A2、B1、B2 等标记来表示纸张的幅面规格。标准规定纸张的幅宽（以 X 表示）和长度（以 Y 表示）的比例关系为 X：Y=1：2，按照纸张幅面的基本面积，把幅面规格分为 A 系列、B 系列和 C 系列；幅面规格为 A0 的幅面尺寸为 841mm×1189mm，幅面面积为 $1m^2$；B0 的幅面尺寸为 1000mm×1414mm，幅面面积为 $1.5m^2$；C0 的幅面尺寸为 917mm×1279mm，幅面面积为 $1.23m^2$。复印纸的幅面规格只采用 A 系列和 B 系列；若将 A0 纸张沿长度方向对开成两等分，便成为 A1 规格；将纸张沿长度方向对开，便成为 A2 规格，如此对开至 A8 规格。B0 纸张亦按此法对开至 B8 规格。A0~A8 和 B0~B8 的幅面尺寸见表 7-1 所示。其中 A3、A4、A5、A6 和 B4、B5、B6、B7 这 8 种幅面规格为复印纸常用的规格。

表 7-1　纸张幅面规格尺寸

规格	幅宽/mm	长度/mm	规格	幅宽/mm	长度/mm
A0	841	1189	B0	1000	1414
A1	594	841	B1	707	1000
A2	420	594	B2	500	707
A3	297	420	B3	353	500

(续表)

规格	幅宽/mm	长度/mm	规格	幅宽/mm	长度/mm
A4	210	297	B4	250	353
A5	148	210	B5	176	250
A6	105	148	B6	125	176
A7	74	105	B7	88	125
A8	52	74	B8	62	88

纸张规格标记字母的前面加一个字母 R（或 S）时，表示纸张没有切毛边，经过切边修整后，将减少到标准尺寸，例如 RA4(或 SA4)表示不切边纸张的尺寸为 240mm×330mm，经过切边修整后其尺寸为 210mm×297mm。

若进行倍率放大或倍率缩小复印时，与所使用的复印纸的幅面规格有着相应的关系，如原稿为 A3 幅面规格；若按 1∶0.8 倍率缩小时，复印纸应采用 B4 规格，若按 1∶0.7 倍率缩小时，复印纸应采用 A4 规格。

（二）复印纸的选用

1. 纸的厚度。纸的厚度通常是以质（重）量（单位为千克）每平方米来表示，一般静电复印机用纸的厚度规格为 64~80 克/平方米。

2. 纸的密度。纸的密度是指纸的纤维的疏密和粗细的程度。如果纸的纤维太疏和太粗（即密度差），复印品图像的分辨率就比较差，而且还容易产生纸毛、纸屑，弄脏复印机，从而使复印品产生底灰，因此宜选用密度高的复印纸。

3. 纸的挺度。纸的挺度是指纸的质地坚挺程度。若挺度差时，容易在输纸通道内稍遇到一点阻力时，纸就产生起皱以至阻塞通道，所以应选用坚挺度好的复印纸。

4. 纸的表面光度。纸的表面光度是指纸表面的光亮程度。纸颜色应为白色，不应为灰暗色；光亮程度不必太高，光亮度太高对图像的定影不利。

5. 纸的干燥程度。复印纸如果干燥度低，含水量大，就会降低纸的绝缘性能，从而使复印品的图像（或字迹）浅淡，底灰大，而且还会容易产生卡纸现象。因此，要选用干燥度高的复印纸。另一方面，纸的保管要注意防潮，纸要存放在干燥和通风的地方。

（三）复印机的基本操作程序

静电复印机是一种自动化办公设备，它可以提高公文形成速度，节省大量的等待时间，给各项工作带来极大的方便。但是由于复印机的操作又是一项技术性较强的工作，不了解机器的基本操作程序，就无法正确地使用它，有时还因操作不当而损坏，影响使用。因此，掌握一些复印经验，可以有效提高工作效率，提高复印品的质量。

1. 预热。按下电源开关，开始预热，面板上应有指示灯显示，并出现等待信号。当预热时间达到，机器即可开始复印，这时会出现可以复印（光）信号（或以音频信号告知）。

2. 检查原稿。拿到需要复印的原稿后，应大致翻阅一下。需要注意以下几个方面：原稿的纸张尺寸、质地、颜色，原稿上的字迹色调，原稿装订方式，原稿张数，有无图片等，是否需要改变曝光量的原稿。这些因素都与复印过程有关，必须做到心中有数。对原稿上不清晰的字迹线条应在复印前描写清楚，以免复印后返工。可以拆开的原稿应拆开，以免复印时不平整，出现阴影。

3. 检查机器显示。机器预热完毕后，应看操作面板上的各项显示是否正常。主要包括以下几项：可以复印信号显示、纸盒位置显示、原大复印显示、复印数量显示（为"1"）、复印浓度调节显示、纸张尺寸显示，一切显示正常才可进行复印。

4. 放置原稿。根据稿台玻璃刻度板的指示及当前使用纸盒的尺寸和横竖方向放好原稿。需要注意的是，复印有顺序的原稿时，应从最后一页开始，这样复印出来的复印品顺序就是正确的，否则，还需要重新倒一遍。

5. 设定复印份数。按下数字键设定复印份数，设定有误时可按清除键"C"，然后重新设定。

6. 设定复印倍率。可在下述三种方式中任选一种进行放大和缩小：

（1）使用放大键和缩小键，进行固定尺寸纸张的复印。使用这一方式，可很容易地将一种固定尺寸纸上的稿件经过放大或缩小后印到另一种固定尺寸的纸上去。例如 A3→A4，即将 A3 规格纸上的东西复印到 A4 规格的纸上去。

具体操作时，可按动缩小键或放大键，直至所需转印规格旁的显示器点亮，即已设定复印倍率并可按复印键进行复印。

（2）使用无级变倍率键进行无级变倍复印。使用本方式，可对原稿进行 50%～200%、级差为 1%的无级变倍缩放。

按下"Zoom＋"键，可增大图像尺寸，按下"Zoom－"键，可减小图像尺寸。每按一下键，即自动增大或缩小 1%的图像尺寸，复印倍率会在复印张数/复印倍率显示器上显示出来，并保持 2s。选定了所需要的复印倍率，即可按复印键进行复印。在试印过程中，有时需了解当前的复印倍率，以便确定下一步是增加还是减小图像的尺寸。这时，可按百分比键以确认目前设定的复印倍率；按一下百分比键，会在复印张数/复印倍率显示器上显示目前设定的倍率，并保持 2s。

（3）使用自动无级变倍键，实行自动无级变倍。使用本方法，机器会根据原稿和供纸盒内的纸尺寸自动设置合适的复印倍率。当选用这一方式时，该键正上方的显示器会点亮（注意：本方式不适合手动进纸方式复印）。另外，实际上，在该方式下，机器只根据供纸盒的纸尺寸选择进行缩小 70%或放大 141%的复印。

7. 选择复印纸尺寸。根据原稿尺寸，放大或缩小倍率按下纸盒选取纸键。如机内装有所需尺寸纸盒，即可在面板上显示出来；如无显示，则需更换纸盒。

8. 调节复印浓度。根据原稿纸张、字迹的色调深浅，适当调节复印浓度，原稿纸张颜色较深的，如报纸，应将复印浓度调浅些；字迹线条细、不十分清晰的，如复印品原稿、铅笔原稿等，则应将浓度调深些。复印图片时一般应将浓度调淡。

（四）复印过程常见问题的处理

按下复印开始键，机器便开始运转，数秒钟后纸张进入机内，经过充电、曝光、显影、转印、定影等工序即可复印出复印品。

复印过程中常会遇到一些问题，如卡纸、墨粉不足、废粉过多等，必须及时处理，否则就不能继续复印。

1．卡纸。复印过程的卡纸是不可避免的，但如果经常卡纸，说明机器有故障，需要进行维修，这里只介绍偶尔卡纸的排除方法。卡纸后，面板上的卡纸信号亮，这时需打开机门或左（定影器）右（进纸部）侧板，取出卡住的纸张，一些高档机可显示出来卡纸部位，以"P0"、"P1"、"P2"等表示，"P0"表示主机内没有卡纸，而是分页器中卡了纸。取出卡纸后，应检查纸张是否完整，不完整时应找到夹在机器内的碎纸。分页器内卡纸时，需将分页器移离主机，压下分页器进纸口，取出卡纸。

2．纸张用完。纸张用完时面板上会出现纸盒空的信号，需将纸盒抽出装入复印纸。

3．墨粉不足。墨粉不足信号灯亮，表明机内墨粉已快用完，将会影响复印质量，应及时补充，高档机出现此信号机器不再运转，低档机则仍可继续复印。加入墨粉前应将墨粉瓶或筒摇动几次，使结块的墨粉碎成粉末。

4．废粉过多。从感光鼓上清除墨粉，并将其收集于一只小盒中，装满后即会在面板上显示出信号（有些机器墨粉不足时也使用同一个信号显示，这就更应当注意检查）。当废粉装满时要及时倒掉。有些高档机器要求废粉不能重复使用，特别是单一成分显影的机器，否则会影响显影质量。

三、复印工作技巧

复印是一项技术性较强的工作，技术熟练不但可以提高工作效率，而且可以节省纸张，减少浪费，保证机器的正常运转。这里向读者介绍一些应当掌握的复印技巧。

1．合适的曝光量。复印过程中会遇到各种色调深浅不一的原稿，有些原稿上还夹杂着深浅不一的字迹，如铅印件上的圆珠笔、铅笔批示等，遇到这种情况应当以较浅的字迹为条件，减小曝光量，使其显出。具体方法是加大显影浓度，将浓度调节杆推向加深的一端。对于照片、图片等反差小、色调深的原稿，则应减小显影浓度，将浓度调节杆拨向变淡一侧。如果复印品仍未能令人满意，则可加大曝光量，做法是将曝光窄缝板（有的设在充电电极上，有的是单独装在感光鼓附近）抽出，把光缝调宽一些，即可使图像变淡。

2．双面复印。个别高档复印机具有自动复印双面的功能，而绝大多数机器要复印双面仍需将复印品重新装入纸盒，再印第二面。双面复印技巧的用途很多，如广告、磁带等的说明书、名片、表格，以及页数过多、需要减小厚度的文件。这样做不仅节省一半纸张，而且减小了文件所占空间，又容易装订。

在套印双面之前，应使复印纸间充分进入空气，防止出现双张现象。先印单数页码一面，再根据所使用机器的类型，将复印品装入纸盒，复印双数页码的一面。有的机器应将第一次复印品上、下两端位置不变地翻过来，文字面朝下，装入纸盒，再复印第二面；有的则原封不动装入纸盒即可。前者是直线进纸的机型，后者是曲线进纸，进纸口与出纸口在机器同侧的机型。另有一点要注意的是，采用导纤维矩阵透镜的机器，原稿正放，复印品也是正的，而采用镜头的机器，原稿正放，复印品却是反的，即上下颠倒。特别是在双面复印小张原稿·（不是复印纸尺寸）时，采用镜头的机器验证操作，最好在复印第一面时使原稿位于复印纸尺寸中间，印第二面时也放中间即可。但这样做两面可能出现误差。另一种方法是印第一面原稿时放稿台上部右端，印第二面时放上部左端，而复印纸下端不动，只是使其字迹朝下放入纸盒。

　　套印多页双面文件时，由于可能出现双张现象，使页码套错，需时常留意套印第二面的页码是否正确，不正确时应停机，看一下纸盒中剩的待套印的复印品，继续印完，然后补印错的几页。

　　3. 遮挡方法的应用。复印工作经常遇到原稿有污迹、复印原稿局部、原稿厚等情况，需利用遮挡技巧来去掉不需要的痕迹。最简便的办法是用一张白纸遮住这些部分，然后放在稿台上复印，即可去掉。复印书籍等厚原稿时，常会在复印品上留下一条阴影，也可以用遮挡来消除之。方法是在待印一页之下垫一张白纸，即可消除书籍边缘阴影。如果还要去掉两页之间的阴影，可在暂不印的一页上覆盖一张白纸，并使之边缘达到待印一页字迹边缘部分，即可奏效。

　　4. 反向复印品的制作。在设计、制图工作中，有时需要按某一图案绘制出完全相同的反方向图像。这如果利用复印机来做，是比较方便的。做法是：取一张复印纸和一张比图案大些的拷贝纸（透明薄纸），在薄纸边缘部分涂上胶水，并与复印纸粘合，待干燥后即进行复印。复印时，拷贝纸需在上，印完后将其撕下，将所需反向图案的一面（即复印时的背面）朝下放在稿台玻璃上，再进行复印，即可得到完全相同的反向图案。拷贝纸亦可用绘图的硫酸纸或透明的聚酯薄膜代替。

　　5. 教学投影片的制作。利用复印机可以将任何文字、图表复印在透明的聚酯薄膜上，用来进行教学投影。具体做法是：将原稿放好，调节好显影浓度，利用手工供纸盘送入聚酯薄膜。如果薄膜容易卡住，可在其下面衬一张复印纸；先进入机器的一端用透明胶纸粘住。对于已转印而图像被卡在机内的薄膜，可打开机门送它到达定影器入口，然后旋转定影辊排纸钮，使之通过定影而定影排出。转印不良、粉末图像被擦损的薄膜，可取出用湿布擦净墨粉，晾干后仍可使用。

　　此外，还可利用复印机制作名片、检索卡片等，操作方法与上述的双面复印差不多，不再赘述。在掌握了复印机性能和不损坏机器的前提下，还可在其他材料（如布）上复印出文字图像。

　　6. 加深浓度，避免污脏的方法。两个有图像的原稿，要想在复印时图像清晰，而又不致透出背面的图像使复印品污脏，最简便的方法就是在要复印的原稿背面垫上一张黑色纸。

没有黑色纸时,可以打开复印机稿台盖板,复印一张,印出的就是均匀的黑色纸,即可用来垫上。这一方法在制作各种图纸时经常利用,原因是图纸上的线条浓度大,而空白部分又要求必须洁净。

7. 操作中需注意的问题。静电复印机是一种消耗性设备,随着工作时间的延长,各部件都会出现一定程度的磨损、老化、失效,要求操作人员能对机器的原理、性能和结构有大致的了解,特别是学会如何排除经常发生的一些小故障,不然是无法胜任这一工作的。

这里着重指出的一点是,在复印过程中,当出现某种故障时,绝不可草率从事,只有弄清原因后才可进行处置。最常见的故障是卡纸,有的机器需打开机门,才能继续复印;有些大型机,排除卡纸后尚需预热一两分钟。通常,机器只要有搓纸动作,而由于某种原因,纸张并未被搓出纸盒、进入纸路,则被认为卡纸,这时出现卡纸信号,机器停止运转。这时应打开机门(断电),并重复上述动作。如果反复出现这种现象,使用者难免急躁从事,不少人要是摔摔打打,关机门等动作手法很重,则会致使机器出现新的故障,如机门损坏、机门微动开关接触不良,震坏其他易损零件,使机器工作不稳定,等等。因此,在机器不好用的情况下,应当仔细检查出故障的原因,及时更换已磨损的零部件,或请维修人员进行检修,以保证机器的正常运转。

第二节　复印机的维护

定期对复印机进行保养,是每个厂家共同的要求。在机器使用说明书中规定的零部件使用期限内,尽管其功能正常,而且没有明显的磨损现象,但使用一段时间后,最好进行更换。这是一种安全预防措施,可以有效地保证机器总是处于良好状态,如果到了故障出现才去找毛病,就比较费时费力了。当然,在没有更换零部件的条件下,不完全按照时间要求更换尚未失灵的部件是可以的,但定期的保养、清洁是非常必要的。

一、复印机的日常保养

无论是日常保养或维修机器,都应准备一些常用工具、清洁润滑用的材料,同时也要了解一些必要的常识。

(一)基本保养程序

基本保养程序是应当经常进行的,其主要内容可包括以下一些方面。

1. 查阅维修档案,根据机器的复印数量(使用时间)检查达到时限的易损零件。
2. 向操作人员询问机器工作情况,根据其意见检查复印机的工作状况。
3. 记录计数器的读数。将复印品质量测试板或清晰的原稿放在稿台上,复印数张,并检查复印品图像浓度、清晰度、定影情况，有无污脏、底灰等毛病。再利用放大、缩小功能复印数张，检查以上项目。复印时还应注意机器有无杂音。

4．清洁复印机的内部、外部及稿台盖板的白色内面。

5．检查并修复有故障的部分，更换性能不良的零件。

6．安装好机器，复印数张复印品，留一张存档。

7．填写维修卡片，向操作人员报告保养结果。

（二）定期保养程序

1．复印3千张的保养

（1）取出废粉盒，倒掉废粉，将盒擦净后装入机内。

（2）抽出各电极，擦拭电极丝、栅极丝和电极架。

（3）清洁显影器底部，上、下导纸板，分离辊，分离带。

（4）用蘸酒精的棉花清洁稿台玻璃。

2．复印1万张的保养

（1）进行1所列的各项保养。

（2）取出显影器，卸下显影器辊上的防尘板，检查显影辊表面，发现异常时，应进行相应处理。这只适用于单一成分显影器。

（3）擦拭定影器进纸处纸板，必要时可使用酒精。

（4）拆开定影器护罩，更换定影辊清洁毛毡和上、下分离爪。

（5）清除落在定影器下部的墨粉和纸毛及油垢。

（6）用酒精擦拭原稿台玻璃的下表面。

3．复印5万张的保养

（1）进行2所列的各项保养。

（2）用镜头纸擦拭扫描灯、灯反光板、防尘玻璃。

（3）用镜头纸擦拭各反射镜、镜头的两面。如仍擦不干净，可蘸少许酒精向一个方向擦，然后用干纸擦净。

（4）拆下感光鼓清洁器，检查刮板，如有损坏应更换。新的刮板应在刃口上涂一点墨粉。

（5）检查稿台驱动钢丝绳，如有扭曲或损伤应更换。

4．复印10万张的保养

（1）进行3所列的各项保养。

（2）取出前曝光灯、消电灯、全面曝光灯、空白曝光灯等，用干布擦拭，污染严重时可用镜头纸蘸酒精擦拭。

（3）拆下搓纸、对位、显影离合器，在其内部弹簧上涂耐热润滑脂。如发现离合器磨损严重，则应予更换。

（4）卸下原稿台或扫描灯驱动部件，在前进、返回离合器上注润滑油。

（5）在感光鼓驱动部件的张紧臂和张紧轮处涂耐热润滑脂。

（6）用吹风毛刷清扫纸路上各印刷电路板上的光电传感器部分。

5．复印20万张的保养

（1）进行4所列的各项保养。

（2）更换显影器的显影间隙轮。发现显影器两端漏粉时，应更换两端的密封片。

（3）检查清洁器是否漏粉，更换两端密封片及是间的密封薄膜。

（4）检查空白/分离区曝光灯是否出现黑斑，必要时更换之。

以上几项保养程序可结合起来进行，同时也要根据机器使用条件来灵活掌握，如室内灰尘较大，则应缩短两次保养间隙的时间。总之，要使机器达到清洁、完好、润滑的目的。

（三）保养应注意的问题

在保养过程中，为了不使机器产生人为故障或损坏机器的零部件，必须注意以下几点：

1．保养时应关上机器主要电源开关，拔下电源插头，以免金属工具碰触，使机器短路。

2．使用各种溶剂时应严格按要求操作，不耐腐蚀的零部件切不可作为溶剂清洁。使用时应避免明火。

3．一些绝缘部件用酒精等擦拭后，一定要等液体完全发挥后再装到机器上试机，否则会使其短路甚至击穿。

4．使用润滑剂时，要按说明的要求进行，一般塑料、橡胶零件不得加油，否则将会使其老化。

5．拆卸某一部件时，应注意拆下的次序。零件较多时，可以记录下来，以防忘记，特别是垫圈、弹簧、轴承之类。安装时以相反的次序操作。

6．机器内、外使用的螺钉容易混淆，应在拆下后分别放置，以免上错，使之损坏。

7．在拆卸内驱动链条、皮带、齿轮时，应记住其走向，一般应用纸画下后再拆，以免装错，使机器损坏。

二、复印机常见故障的维修

（一）复印品全黑

故障现象：复印品全黑时，完全没有图像，与开着稿台盖板印出的纸张相同。

产生故障原因：包括光学系统和充电部件两方面的原因。

1．光学系统的原因

（1）原稿没有曝光。曝光灯损坏、断线或灯脚与灯座接触不良，使之不能发光；曝光灯控制电路出现故障，导致曝光灯不亮或不作扫描运动，使感光鼓表面没有曝光，表面电位没有变化，无法形成静电潜像。首先观察曝光灯是否发光，不发光时可检查灯脚接触是否良好。灯脚接触无问题时再更换灯管；如不是灯管损坏，可测量灯脚间是否有电压，无电压时应检查控制曝光灯的电路是否有故障，有故障更换此电路板。

（2）复印机的光学系统被异物遮住，使曝光灯发出的光线无法到达感光鼓表面。常见的原因是卡纸后未及时清除，从而遮挡了光路。只要清除掉异物，并对光路进行适当清洁，光线即可透过。

（3）反射镜太脏或损坏，以及反光角度改变，光线偏离，无法使感光鼓曝光。这时可以清洁或更换反射镜，调整到适当角度。反射镜表面出现老化现象时，必须更换反射镜。

（4）光缝开得太小，同时曝光灯管老化，机内光学系统污染严重，调节光缝宽度的拉线断开，使光缝处于关闭状态，都会造成复印品全黑。处理时要开大光缝，增加光量，必要时更换曝光灯管。同时还要对光学系统进行全面清洁。

（5）扫描驱动或曝光控制电路出现故障，使扫描部件不运动或曝光灯完好而不亮，这时要分别更换相应的电路板。

（6）复印机由冷的环境中移到热的室内，或由于室内湿度过高，使感光鼓、镜头及反射镜表面结上雾，也会出现黑色复印品，但不十分均匀。解决的办法是清洁光路部件，将机器预热一段时间。

2．充电部件的原因

如果复印品黑度均匀（对磁刷显影的机器来说，复印品还带有载体，表面呈砂纸状），则说明直流消电或交流消电的电极的绝缘端被放电击穿。检查时可发现电极两端的绝缘块上有烧焦的痕迹，一般呈一条不规则的线状，这是因为电极与金属屏蔽物连通，造成漏电。击穿不严重时，可将电极丝拆下，并取下绝缘块击穿的一端是，用小刀或砂纸清除烧焦的表面，直到露出新的一层为止。严重时，则要更换击穿一端的绝缘块。对前一种情况，清洁后可在绝缘块与电极金属屏蔽物之间用透明胶片或绝缘带贴住，以增加此处的绝缘效果。要注意的是，消电电极击穿的主要原因是电压过高，空气湿度太大。因此，修复后必须将高压发生器的输出电压调低一些，同时注意室内通风，避免空气过于潮湿。

此外，消电电极未插入机器，或接触不良，电极丝断开，也会发生类似现象。高压发生器消电电压没有输出，现象也是如此，必须认真查找故障原因，对症处理。

（二）复印品底灰

故障现象：复印品图像部分尚好，但白底部分即呈现灰色。

复印品上有深度不等的底灰，是静电复印机中一种常见的现象，而且是一个难于解决的问题。复印品上有无底灰存在是鉴别其质量好不好的重要标志之一。因此，必须认真对待。

产生故障的原因：形成的原因有操作方面、光学部分、显影部分、充电部件、感光鼓、清洁部件等6个方面。

1．操作方面的原因

（1）原稿本身有底色，使其背景部分在感光鼓上曝光后，无法将电位降低到残余电位。因而还有吸粉能力，仍能吸附一部分墨粉。这时虽可以加大曝光量，使底灰消除，但图像部分的浓度也会受到一些影响而变淡。

（2）原稿反差太小。为了使较浅的字迹出现，复印时加大了显影浓度，或减小了曝光量，造成感光鼓表面对应部分的电位没有完全下降，残余电位过高，明区仍有较强的吸墨粉能力，产生底灰。

（3）复印纸受潮后，电阻下降，转印电晕透过纸张而加强了静电潜像的电场，减弱了转印电场，造成整个图像变浅。如加大显影浓度或减小曝光量，图像虽有所加深，但底灰也会随之出现。

2．光学部分的原因

（1）原稿台玻璃板、曝光灯及其反光罩、镜头透镜、反射镜、光路部分与感光鼓之间的透光防尘玻璃片被灰尘或机内的墨粉污染，造成反光，使透光效率下降，影响曝光量加大。这时不仅图像变浅，底灰增加，而且在减小曝光时，图像颜色虽有加深，但底灰亦有所增加。

解决认真清洁这些部件，用干净的镜头纸擦拭，从一端向另一端进行，并吹去纸毛和浮尘。太脏时，可蘸少许酒精擦拭，切不可来回擦，以免灰尘磨损光学部件表面。需要注意的是，稿台玻璃的下面一侧也必须擦拭干净，这往往是容易忽视的。

（2）曝光不足。原因包括曝光灯老化，照度下降；光缝开得太小，曝光量小。这时需要更换新灯管，调整光缝。

3．显影部分的原因

（1）显影偏压过低或无显影偏压，难以消除底灰。应检查显影器上的显影偏压插头是否接触良好，再检查显影偏压电路中否良好。

（2）有的机器由于墨粉太多或墨粉质量不佳，使显影过程中粉尘飞扬，污染感光鼓表面，使复印品带上底灰。

（3）显影器中载体比例小，墨粉比例过高，造成均匀的底灰，而且比较浓。原因是游离的墨粉过多，载体难以吸附。这时要重新调整载体与墨粉的配比。

（4）墨粉、载体受潮，电阻率下降，墨粉与载体的带电性变差，造成显影效果不良。

（5）载体疲劳（包括湿法显影和干法显影）使载体对墨粉（或油墨）的吸附能力下降，容易使墨粉游离，而被残余电位（明区）吸附，产生底灰。

（6）墨粉与载体不匹配，即不是同一机型所使用的，也会产生严重的底灰，甚至粘结在感光鼓上，难以消除。出现这种情况，应全部更换载体墨粉。

4．充电部件的原因

输入电压过低，如处于用电高峰期间，不能保证三个电极所需的高压值。充电电压下降，静电潜像的电位降低，与明区电位（残余电位）差就小，而不易显影成像。在操作时，由于浓度上不去，而减小曝光量，虽然图像色调有所加深，但也同时出现了底灰。因此，在电压不稳定的地区，使用复印机时应加装机外稳压电源，保证电压不低于220伏。

5．感光鼓的原因

感光鼓疲劳，光敏性下降，使残余电位升高。可取下置于暗处，存放一段时间后仍可再次使用。

6. 清洁部件的原因

（1）清洁毛刷倒伏、板结、脱毛或与感光鼓距离不当，收集废粉的磁辊上墨粉过多，引起粉尘脱落，也会造成复印品均匀或不均匀的底灰。需经常清洁这些多余的墨粉，毛刷不良时应将毛刷梳理后换方向使用，或更换新的毛刷并应清除吸尘箱中的墨粉。

（2）消电灯污染或不亮，消电电极粘有墨粉等污物，消电能力下降，必须认真进行清洁处理，灯管损坏时必须更换。

（三）复印品图像浓度不够

故障现象：复印品图像颜色淡，黑色图像变成灰色，中间色调则难于显出。

产生故障原因：浓度不够的产生原因是多方面的。

1. 操作上的原因

（1）原稿反差小，或是已复印过多次的复印品，或浅色铅笔书写的原稿，其色调对比弱，反映在感光鼓上亦如此，明区和暗区电位差极小。要使图像加深，只能减小曝光量，但会出现一些亮光。

（2）操作时，浓度控制调节不当，使曝光过度，暗区表面电位也下降过多，吸墨粉能力下降。这时应适当减小曝光量。

（3）复印纸的理化指标没有达到要求，型号不同的复印机使用的纸张也略有差异，必须合理选用，如纸张的厚度、光洁度和密度等，否则会在一定程度上影响复印品的反差。

（4）机器使用环境湿度大，使纸张含水率上升，同样会造成转印效率下降，达不到应有的反差。

2. 充电部件的原因

（1）感光鼓表面充电电位过低，造成曝光后表面电位差太小，即静电潜像的反差小。其原因包括：高压发生器出现故障，输出电压不够；电极丝过粗，电极丝与感光鼓表面距离过大，电极丝污染，电极绝缘块漏电。这时必须根据故障情况解决。

（2）转印电极及有关电路出现故障，其中包括转印电极太脏，粘有墨粉、灰尘、纸屑，影响转印电压；转印电极丝距离感光鼓表面（纸张）太远，转印电流太小，不能使纸张背面带上足够的电荷，影响转印效果；转印电极丝断路，转印电极插头接触不良，造成复印品反差过小、图像淡的毛病。出现上述现象时，必须根据实际情况进行检修。

3. 感光鼓的原因

感光鼓疲劳，光敏性下降，曝光量过大或过小时，都会影响鼓表面的电位差。对 NP 复印机，拔下了电源插头，使感光鼓吸湿，也会产生复印品过淡的现象。这时应根据情况更换感光鼓或纠正错误操作。

4. 显影部分的原因

（1）显影器中的墨粉不足，无法充分显影，浓度上不去，或是墨粉性能不良，难以被感光鼓吸附而充分显影。这时需补充或更换墨粉。

（2）显影器距感光鼓表面距离过远，影响显影效果，这时需认真调整。

(3) 载体缺少或显影液陈旧失效，带电性减弱，造成显影不足。若采用液干法显影而造成显影不足，则为显影液陈旧失效，这时必须更换载体或显影液。

(4) 磁刷显影器内磁极的调整不当，影响磁刷的立起长度；在液干法显影中，挤料辊与感光鼓靠得太近，挤去过多的显影剂。这时需要进行适当的调整。

（四）复印品图像模糊

故障现象：清晰度差，即分辨力低。静电复印品的分辨力虽与银盐复印、重氮复印的效果差一些，但还是能够满足人们的阅读要求的。如果达不到这个要求，即为分辨力不够。

产生故障的原因：产生复印品图像浓度不够的原因是多方面的。

1. 操作上的原因

(1) 原稿分辨力低，图像模糊，如微缩胶片放大复印的原稿或以复印品作为原稿再进行复印时，即会影响其清晰度。

(2) 复印时曝光量过大，不符合原稿要求，使图像过淡，线条变细。

2. 光学系统的原因

由于光学系统紧固不好，在机器的运输或长时间使用中，造成光学部件——镜头、反射镜等的位置改变，其反光、透光线路发生偏移，造成聚焦不良，原稿反射光的焦点不能正好落在感光鼓表面。可以通过观察原稿与复印品的图像尺寸有否改变来发现聚焦问题。一般来说，图像模糊是聚焦不好的缘故，多为第一反射镜位置不当；而倍率与原稿不符，多由于镜头位置改变。光路部分的故障必须在排除了其他干扰因素，确定了光路故障以后才能进行调整。由于光学系统是出厂时调定的，无特殊情况不宜随意调节。

3. 感光鼓的原因

硒鼓感光长时间使用后表面产生氧化膜及其他污染，造成图像清晰度下降。这时应更换新的感光鼓，或用硒鼓再生剂进行处理。

4. 显影部分的原因

(1) 显影器中的墨粉太大，使分辨力下降，图像表面粗糙。这时应更换更细的墨粉，并配以适当的载体。

(2) 图像模糊而发黑，这可能是显影器下墨粉太多的缘故。单一成分显影时，则为显影辊与刮刀间隙过大。这时应调整载体与墨粉比例或显影间隙。

5. 清洁部分的原因

感光鼓表面清洁不良，残留粉过多，或显影磁刷与感光鼓表面太近，使复印品上的图像由于磨擦而模糊。处置办法是调整清洁器或显影磁极，使之位置合适。

（五）复印品无图像

故障现象：复印品上无任何图像，与没有复印过的纸张一样。

产生故障的原因：产生复印品无图像故障的原因有三个方面。

1. 操作上的原因

(1) 稿台上没有原稿，使感光鼓表面全部受到光照，均呈高衰减，无法形成高低不同的表面电位。

（2）复印纸含水量过大，难以转印。其原因是转印电压透过复印纸被加到了感光鼓表面。这时必须更换成干燥的复印纸。

2．充电部件的原因

（1）充电电极安装不牢、接触不良，或电极丝断开，电极绝缘块击穿，使感光鼓表面没有充电，无法形成高电位乃至静电潜像。充电电极与高压发生器电路中断，没有高压来源，或高压发生器本身发生故障，无高压输出，也会导致复印品全白。遇到这种情况，应首先检查本身是否漏电、击穿。如无问题，可继续检查电极与高压发生器的连线是否松动断路。如仍无故障，再更换高压发生器。

（2）感光鼓表面有图像，而复印品全白，多由于没有转印电晕造成。常见的故障是转印电晕电极接触不良，转印电极丝断路，高压发生器到转印电极的电路断开或与转印有关的电路有故障，使感光鼓上的墨粉图像不能转印到复印纸上。首先从电极开始检查，发现接触不良应接牢；如果电极丝断路，应换上新的电极丝；以上部位均无故障时，应更换高压发生器。

3．显影部件的原因

（1）显影驱动离合器失灵，内部接触片打滑，除磨损外，还可由油污造成。严重时会使显影辊根本不转动，印出全白的复印品（这也是区别于其他故障的鉴别方法）。这时必须将离合器拆下清洁或更换成新的离合器。

（2）显影器未向感光鼓上提供墨粉，无法在感光鼓上显出可见图像。常见原因有，显影器安装不妥，安装后未回复到感光鼓的正常间隙，致使显影辊不转动，造成无法显影。

（六）复印品上出现前进方向黑条

故障现象：复印品上出现前进方向的黑色条带。

产生故障的原因：产生黑条的原因有4个方面。

1．感光鼓的原因

（1）刮板压力过大，长时间摩擦造成感光鼓表面普遍损伤，出现前进方向划痕。严重时需要更换感光鼓。

（2）毛刷太硬或含有杂物，将感光鼓划伤，形成纵向黑线。

（3）显影载体或墨粉中有杂质，当这些杂质停留在感光鼓与毛刷或刮板之间时，就会将感光层划伤。

（4）感光鼓的安装不合适，与其他部件接触，划伤感光鼓。此时若操作机器，故障现象则较为严重。

2．清洁部件的原因

（1）刮板的刃口积粉过多，清洁效果不良，或刃口上有缺陷，刮板局部未与感光鼓表面完全接触。复印品上都会出现黑色纵向条或黑线。这时必须对刮板进行清洁，并检查刮板有无缺损。

（2）复印品较大面积呈黑带状，是由于刮板与感光鼓接触不良，墨粉不干净之故。必须进行调整。

（3）毛刷有缺毛现象，清洁效果不好，需要更换。

（4）复印机内的卡纸没有完全清除，有纸张或纸屑进入清洁器，影响刮板或毛刷的正常工作，造成清洁不良，而出现黑色带状污染。

（5）如果纸张一端（机器分离侧）出现黑色污迹，则一般是由于分离带上沾有墨粉造成的。这也可能是由于感光鼓此端清洁不良或显影器密封损坏所致。这时需要进行清洁，更换损坏的零件。

3．显影部件的原因

（1）磁辊单一成分显影方式中，磁辊上沾有条状墨粉凝结物，显影时会在感光鼓表面显现出来。这时需对显影辊进行认真的清洁。

（2）显影辊上墨粉分页不均匀，呈条状分布。这时要检查刮刀下是否有杂物或纸屑，并认真清洁之。

4．定影部分的原因

（1）转印后尚未定影的复印品与定影器入口摩擦，从而出现黑色污染及图像损伤。这多因被卡纸未清除干净造成。这时需认真清洁定影器入口，凝固的墨粉污迹可用酒精擦掉。

（2）热辊定影时，加热辊表面清洁不良，沾有过多墨粉，产生黑条，定影时会印在复印品上。需注意的是，复印机进行双面套印时，容易使第一面定过影的墨粉图像再次熔化，一部分沾在定影辊表面。这是定影辊难于清洁的一个重要原因，因此必须进行清洁。进行大量双面复印时，必须使热辊有充足的定影润滑剂并保证定影刮板良好有效。

第三节　复印机使用训练

一、训练目的

1．了解复印纸的选择的选择。
2．掌握东芝studio168S复印机的使用。

二、器材

东芝studio168S复印机、多种规格复印纸。

三、训练内容

（一）熟悉复印机操作界面

复印机上的操作界面如图7-1所示，从右向左、从上到下界面上每个按键的用途如下。

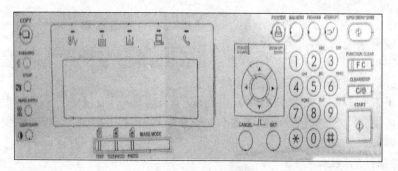

图 7-1 复印机的操作界面

1．SUPER ENERGY SAVER 按键。如果复印机长时间不用，按下该键，复印机进入超级节电模式。

2．FUNCTION CLEAR 按键。清除已选择的模式和设置并恢复到默认设置。

3．CLEAR/STOP 按键。清除复印数量并停止复印。

4．STAR 按键。按下此键，开始复印。

5．1~9 等数字键。根据需要，设置复印数量。

6．INTERRUPT 按键。中断正在进行的复印作业并执行另一项复印作业。当再次按下该键即可恢复被中断的复印作业。

7．PROGRAM 按键。对复印机默认设置进行编辑。

8．MAIN MENU 按键。转为复印模式。

9．PRINTER 按键。进入打印模式，可对打印机进行设置或执行自动打印。

10．CANCEL 按键。取消键。

11．SET 按键。设定键。

12．IMAGE MODE 按键。复印图像模式，可在文字、文字/照片和照片之间进行切换。

13．COPY 按键。从其他模式转到复印模式。

14．FINISHING 按键。指定如何输出复印件。

15．ZOOM 按键。指定复印缩放比例。

16．PAPER SUPPLY 按键。指定从哪个纸盘进行供纸。

17．LIGHT/DARK 按键。指定复印浓淡程度。

（二）一般复印程序

1．放置原稿

掀开原稿盖，将原稿复印面朝下放在玻璃上，原稿的顶角对准复印机玻璃面板左上角处的三角箭头标志，原稿放平后慢慢放下原稿盖。

在盖上原稿盖之前，要注意观看下原稿大小与玻璃面板上对应的纸张标志之间是否一致。当然也可以根据需要调整原稿放置的位置，但一般不超出复印纸的尺寸范围。

如果原稿过薄或过于透明，可以将一张比原稿略大一些的白纸覆盖在原稿上，再进行复印。

2．复印纸张来源

复印纸张一般来源于供纸盒或者是旁路纸盒。

复印前先确认供纸位置是否已经按照要求装好纸张。东芝 studio168S 复印机的供纸可以从供纸盒送纸也可以从旁路纸盒送纸。一般情况下，供纸盒放置办公常用规格的纸张，方向固定。而旁路供纸盘主要用于特殊纸型或不同于常用纸型和放置方向的复印。那么如何放置纸张？以下分两种情况阐述。

（1）供纸盒的操作过程

① 抽出供纸盒，直至停止。

② 移动宽度导板到期望的纸张尺寸位置（具体的纸张大小位置显示在纸盘底部）。

③ 向下推尺寸选择杆的右侧以松开它。

④ 在按箭头方向推尺寸选择杆的同时，设定侧面导板到期望的纸张宽度。

⑤ 推动尺寸选择杆的左侧以锁定。

⑥ 最后将纸张放入盘中，并把纸盘放回复印机中。最多放入 550 张纸，不要使用卷曲、折叠或者潮湿的纸张。

（2）旁路纸盒的操作过程

拉开旁路纸盒上的两滑块，根据原稿的方向将纸张放置于两滑块之间，移动滑块使之夹住纸张，但不能夹得太紧。当纸张尺寸较大时，伸展纸张托板。

3．设置复印模式

（1）复印供纸设定

在进行复印供纸设定之前，需要先设定纸盘中的纸张尺寸，即按 PROGRAM 键进入程序菜单；选择 "01.缺省设置"，按 SET 键，选择 "1.机器缺省" 按 SET 键，选择 "1.供纸盒尺寸"， 按 SET 键，通过上、下键选择将被指定的供纸盘（供纸盒或是旁路纸盒），按 SET 键，之后进入一选择纸张尺寸的界面，在该界面下选择需要的纸张类型和方向。选择并确定后，按下 MAIN MENU 键返回主界面。

① A 供纸自动选择复印

当未对复印机进行任何设置时，复印将以默认的 APS 模式（纸张自动选择模式）进行复印。

② B 供纸手动选择选择复印

在初始屏幕显示 COPY 模式下，按 PAPER SUPPLY 按键 信息显示屏幕显示如下：

……………………………………

按方向键上或下选择纸张供应的纸盘，并按 SET 键以确定。

（2）复印数量设定

通过数字键对复印的数量进行设置，默认复印数量 1，最大复印数量 999，设定不正确需要更改时可以按 CLEAR/STOP 键清除设定的纸张数量。

（3）复印前需要确认以下三项内容是否一致。

① 原稿的尺寸大小及方向。

② 供纸盒或旁路纸盘纸张的大小及方向。

③ 复印机设置的纸张大小及方向。

如果以上内容设置不一致将会导致卡纸或者复印不完整的现象，因此在复印前一定认真设置好。

4．按下复印键（START）

按下 START 键，复印机将开始复印。在复印的过程中不要掀开原稿盖，复印件将从出稿处自动滚出，不要伸手去拉扯。

如果是 APS 模式，当按下 START 键时，信息显示屏将会提示操作者"选择原稿尺寸"。选择跟原稿尺寸、方向一致的选项，按下 SET 键，复印机即刻开始工作。

5．中断复印

使用 CLEAR/STOP 按键将会清除余下复印数量并终止复印。

使用 INTERRUPT 按键将会中断复印，中断期间可以进行多原稿的复印，复印过程与正常复印的操作一样，当复印结束后再次按下 INTERRUPT 按键（需等待提示后再按下 START 按键），将进行中断前的复印作业。

（三）特殊复印

1．加深或减淡复印

东芝 studio168S 复印机有两种图像密度类型：自动模式和手动模式。

自动模式是指复印机能自动检测原稿密度并根据此选择最佳的图像密度。手动模式是根据自己要求复印出较深或较浅的副本。具体操作步骤如下。

① 选择控制面板中的 LIGHT/DARK 按键。

② 如果需要复印机自动检测并选择浓淡程度，则选择"自动"；如果想要手动设置，则选择手动。

③ 使用左右箭头键选择期望的图像密度。向左移动为减淡，向右移动为加深。

④ 选择确定后屏幕回到初始屏幕，此时，复印密度显现在信息显示器上。

2．缩放复印

东芝 studio168S 复印机有 4 种放大和缩小复印方法：

（1）使用原稿自动检测（AMS）

比较高级的复印机一旦选择 AMS 模式和副本尺寸后，复印机自动检测原稿尺寸并计算出相适应的倍率。但东芝 studio168S 复印机需要手动选择原稿尺寸。具体操作如下。

① 按下操作面板上的 ZOOM 键，选择"原稿自动检测"。

② 选择供纸盒或者旁路纸盒供纸，并将原稿放于玻璃上。

③ 选择所期望复印的图像密度和复印数量。

④ 按下 START 键，进行复印。若出现"选择原稿尺寸"选项，请使用上或下键选择，按 SET 键确定。

（2）缩小/放大

当使用标准尺寸原稿和复印纸时，选择与它们相符的倍率。可选择的倍率如表 7-2 所示。

表 7-2　原稿和复印的转化

倍　率	原稿/副本
50%	A3/A5-R
71%	A3/A4-R　A4-R/A5-R　B4/B5-R
82%	B4/A4-R　B5-R /A5-R
141%	A4-R / A3　A5-R / A4-R　B5-R / B4　A5/A4
200%	A5-R/ A3

具体操作步骤如下。

① 选择供纸盒或者旁路纸盒供纸，并将原稿放于玻璃上。

② 按下操作面板上的 ZOOM 键，选择"缩小/放大"，按 SET 键，选择所需要的倍率，并确定。

③ 选择所期望复印的图像密度和复印数量。按 START 键开始复印。

（3）无级缩小/放大

该功能用上下箭头键选择期望的复印倍率。具体操作步骤如下。

① 选择供纸盒或者旁路纸盒供纸，并将原稿放于玻璃上。

② 按下操作面板上的 ZOOM 键，选择"缩小/放大"，按 SET 键，使用上下箭头键选择期望的任意复印倍率，并确定。

③ 选择所期望复印的图像密度和复印数量。按 START 键开始复印。

（4）XY（纵横轴）无级缩小/放大

该功能用于分别控制 X（横轴）和 Y（纵向）方向的复印倍率。具体操作步骤如下。

① 选择供纸盒或者旁路纸盒供纸，并将原稿放于玻璃上。

② 按下操作面板上的 ZOOM 键，选择"缩小/放大"，按 SET 键，用左右箭头键选择 X 和 Y 方向，用上下箭头键选择复印的倍率，并确定。

③ 选择所期望复印的图像密度和复印数量。按 START 键开始复印。

3．双面复印

双面复印可以借助自动原稿输送器或翻转自动原稿输送器。如没此配置，可采用如下方法进行双面复印。

（1）将原稿放置于玻璃上。

（2）在复印初始屏幕中按下控制面板上的下键，"编辑菜单"屏幕出现。确认"双面"

被选中，按下 SET 键，选择"1>2"，然后确定，按 MAIN MENU 键返回复印初始屏幕。

（3）选择所期望的供纸盘、复印倍率、图像密度和复印数量。

（4）将第一面原稿放在玻璃上。

（5）按下 START 键，要求确认原稿尺寸，选择后按 SET 键复印机开始扫描原稿。

（6）扫描完毕后，在玻璃上放置下一张原稿，按下 START 键。

（7）重复步骤 4～6 直至所有的原稿被扫描，用控制面板的下键确认不进行下一页原稿扫描，即选择"否"选项，然后复印机开始正式复印。在复印的过程中注意原稿和供纸的尺寸及方向一致。

4．原稿图像质量选择

该选项位于信息显示屏幕下方，通过对该选项的选择以产生与原稿类型相匹配的清晰副本。

原稿图像质量有三种模式的选择，即文本模式、照片模式和文字/照片模式。

文本模式主要适用于制作内含文字或者文字和线条图形原稿的副本。照片模式主要适用于制作内含黑白照片，彩色照片或半色照片的原稿副本。文字/照片模式主要用于制作常规原稿的副本。文字/照片模式一般为复印机的默认模式。

【思考题】

1．如何对原稿进行放大或缩小复印？
2．如何对传真文件进行加深或减淡复印？
3．怎样对某一文件进行正反面双面复印？

参 考 文 献

[1] 陈国先. 办公自动化设备的使用和维护 [M]. 西安：西安电子科技大学出版社，2002.
[2] 颜志刚. 摄影技艺教程 [M]. 上海：复旦大学出版社，2000.
[3] 蔡林编. 中级摄影教程 [M]. 北京：电子科技大学出版社，1997.
[4] 徐国兴. 摄影技术教程 [M]. 北京：中国人民大学出版社，1993.
[5] 孔繁根. 影采访与图片编辑教程 [M]. 北京：中国人民大学出版社，1995.
[6] 徐忠民. 大学摄影（第一版）[M]. 北京：高等教育出版社，2005.
[7] 颜志刚. 数码摄影教程（第一版）[M]. 上海：复旦大学出版社，2004.
[8] SONY 公司. SONY DSC-W1 数码相机使用说明书. 2006.
[9] 办公自动化编写组. 办公自动化技术（第一版）[M]. 北京：中国商业出版社，1996.